디지털 시대의 도서관 라이선스

디지털 시대의 도서관 라이선스

황 옥 경 著

한국학술정보(주)

서 문

　저작물을 구매하는 것과 라이선스 계약을 하는 것 간에는 큰 차이가 있다. 한 저작의 물리적인 복제물을 구매하는 것은 지난 수백 년 동안 소비자에게 지적재산권이 양도되는 보편적인 모델로서, 복제물에 담겨 있는 소유권이 구매자에게 전적으로 양도되는 것을 의미한다. 이 경우 도서관은 '최초판매의 원칙' 혹은 '권리 소진의 원칙', '도서관 면책', '공정이용' 등에 따라 이용자에게 자유롭게 이용을 허락할 수가 있었다.

　반면에 라이선스 계약은 특정 조건에 따라 특정 아이템을 이용할 수 있는 권리를 제한적으로 양도하는 것을 의미한다. 라이선스 계약은 대개 계약법을 따르게 되며 계약자유의 원칙에 따라 서로 다른 이해관계에 놓인 쌍방의 합의 하에 이루어지는 것이다. 즉 도서관은 라이선스 계약을 통해 어떤 조건을 어떤 내용으로 협상하느냐에 따라 이용자에게 제공할 수 있는 정보 이용의 범위와 방법이 크게 달라지는 것이다.

　현재 국내 도서관에서 전자저널 라이선스 계약을 담당하고 있는 사서들은 비교적 새로운 현상이라 할 수 있는 라이선스 계약에 대한 경험과 지식의 부족, 또는 대부분의 라이선스 계약이 특정 기간에 몰려 있다는 시간적인 제약, 대다수 계약서가 영문으로 작성되어 있다는 언어적인 제약 등으로 인해 라이선스 계약에 효율적으로 대처하지 못하고 있는 것으로 보인다. 또한 라이선스 계약에 있어 가장 중요한 것은 바람직한 라이선스 계약 조건 및 내용을 이끌어 내기 위한 협상의 노력임에도 불구하고 대부분의 도서관에서는 라이선스 계약 체결이 도서관 모체기관의 행정부서에서 이루어지고 있어 도서관 사서들이 협상 과정에 적극적으로 대처하지 못하고 있는 실정이다.

국외의 경우에는 이미 1990년대 중반부터 전자저널 이용의 증가와 더불어 라이선스 계약 사례가 급격히 늘어나면서 도서관에서의 라이선스 계약 원칙과 지침 및 라이선스 계약모델에 대한 연구가 활발히 이루어지고 있었던 반면에 국내의 경우에는 관련 연구를 거의 찾아볼 수 없었다.

이러한 배경에서 2004년 2월에 도서관에서의 라이선스 계약을 주제로 박사학위 논문을 발표하였고, 1년이 지나 오늘 이렇게 박사학위 논문을 단행본으로 발행하기 위한 서문을 쓰고 있자니 탈고한 논문을 인쇄소에 넘기던 1년 전의 그 감회가 또 한번 새롭게 다가온다.

앞으로 전자저널 이용의 증가와 더불어 도서관에서의 라이선스 계약도 분명 그 중요성이 더욱 커질 것이다. 이 책이 도서관 사서분들에게는 하나의 지침이 될 수 있기를, 그리고 미래의 사서를 꿈꾸는 문헌정보학도들에게는 저작권법과 계약법, 도서관에서의 라이선스 계약에 대한 기본적인 이해의 틀을 제공할 수 있기를 희망한다.

끝으로 박사학위 논문이 나오기까지 꼼꼼하게 지도해주시고 격려해 주신 중앙대학교 이두영 교수님과 이 책을 출간하도록 도와주신 한국학술정보(주) 관계자분들께 깊은 감사의 마음을 전하고 싶다. 그리고 항상 아낌없는 사랑과 격려로 가장 든든한 버팀목이 되어주는 나의 사랑하는 가족에게 이 책을 바친다.

2005년 5월
황 옥 경

목 차

1. 서 론

1.1 연구의 필요성 및 목적

전통적으로 도서관은 인쇄 형태의 도서나 저널을 구매 또는 구독함으로써 이들 정보자료를 축적하고 필요로 하는 이용자에게 정보서비스를 제공해왔다. 일단 도서나 저널을 구매 또는 구독하게 되면 이들 자료는 영원히 해당 도서관의 소유가 되며, 이용자들은 일정한 기준에 따라 무제한으로 이들 자료를 이용할 수 있게 된다. 그러나 지금의 디지털 환경에서 도서관이 구독하는 전자저널의 경우에는 특정 이용 조건하에서 특정 시간 동안만 이들 자료에 접근할 수 있는 권리가 허락된다. 허락된 이용권의 내용 혹은 조건에 따라 도서관 이용자들의 이용방식이 달라지게 된다.

라이선스(license)란 이러한 형태의 이용허락을 의미한다. 라이선스는 대개의 경우 계약법을 따르게 되는데, 전자자료에 대한 접근 및 이용의 정도는 해당 자료에 대한 라이선스 계약 과정에서 협상된 조건에 의거하여 결정된다. 미국도서관협회에 의하면 라이선스 계약이란 라이선스 제공자(licensor)에 해당하는 출판사와 라이선스 이용자(licensee)에 해당하는 도서관 사이의 법적 의무와 이러한 의무를 파괴한 경우에 구제를 모색하는 권리 간의 약속으로 이루어진 법적 계약으로 정의하고 있다.

최근에 이르러 도서관에서의 전자저널 이용의 급격한 증가는 전자저널 이용을 위한 라이선스 계약의 급격한 확대를 초래하였고 이에 따라 도서관은 저작권만이 아니라 라이선스 계약 부문에도 커다란 관심을 두지 않을 수 없게 되었다.[1] 앞으로도 계속해서 전자저널의 이용은 더욱 늘어날 것이며, 이와 동시에 도서관에서의 라이선스 계약도 더욱 늘어날 것임에 틀림없다.

국외의 경우에는 1990년대 중반부터 전자자료 이용의 증가와 더불어 라이선스 계약이 늘어남에 따라 라이선스 계약의 중요성에 대한 인식이 크게 부각되면서 라이선스 계약과 관련한 지침이나 라이선스 계약모델들이 개발되기 시작하였다. 그러나 우리나라의 경우에는 도서관에서의 라이선스 계약 지침이나 계약모델에 대한 연구가 아직까지 이루어진 바 없다.

현재 우리나라 도서관 현장에서 이루어지고 있는 라이선스 계약은 계약서 자체가 대부분 영문으로 되어 있고, 대부분의 사서들이 라이선스 계약 내용 및 조건에 나타나 있는 전문용어에 익숙하지 않으며, 관련 법률지식이나 협상 경험 및 전략적 기술이 부족한 것이 사실이다. 특히 전자저널의 경우에는 특정 시기에 대부분의 라이선스 계약이 집중적으로 이루어짐에 따른 시간적인 제약과 라이선스 계약을 전담하는 사서의 부재로 인해 거의 대부분의 도서관은 계약 과정에서 큰 어려움을 겪고 있는 실정이다. 도서관이 마땅히 요구할 수 있는 권리를 라이선스 계약 내용에 제대로 반영시키지 못한 채 출판사 측이 제시하는 라이선스 조항들을 대부분 그대로 수용하는 경우도 흔히 볼 수 있다.

---

[1] Ann Okerson. "The transition to electronic content licensing: the institutional context in 1997", Presented at the Mellon Foundation Scholarly Communications and Technology Conference, held at Emory University on April 24-25, 1997. Retrieved 02/05/2003 from <http://www.library.yale.edu/~okerson/mellon.html>.

　　도서관에서의 라이선스 계약이 불이익 없이 합리적으로 이루어지기 위해서는 담당 사서가 라이선스 계약에 대한 올바른 이해와 지식을 갖는 것이 필요하다. 특히 선진국의 라이선스 계약모델과 같이 계약상의 문제점을 쌍방 간의 합의를 통해 조정할 수 있는 지침이 되는 계약모델이 필요한 시점에 와 있다.

　　이에 본 연구는 도서관에서의 전자저널 이용 권리를 규명하고 전자저널 이용을 위한 라이선스 계약 과정에서 지침이 될 수 있는 라이선스 계약모델을 개발하는 데 그 목적이 있다.

1.2 연구 내용 및 방법

　　본 연구에서는 전자저널 이용과 관련하여 대학도서관에서 라이선스 계약 시 참조할 수 있는 라이선스 계약모델 개발을 위하여 다음과 같은 단계를 거쳐 연구를 수행하였다.

　　첫째, 문헌 조사를 통해 도서관에서의 라이선스 계약 원칙과 구성요소를 파악하고, 인쇄 형태의 자료가 기반하고 있는 저작권법과 전자저널이 기반하고 있는 계약법 간의 관계를 고찰하였다. 또한 라이선스 계약에 있어서 핵심적 쟁점이 되고 있는 공정 이용, 도서관 상호 대차, 아카이브 및 사생활 보호 문제를 고찰하였고, 도서관에서의 전자저널 라이선스 계약모델이 출현한 배경과 그 발전 과정을 고찰하였다.

　　둘째, 본 연구에서 개발하고자 하는 라이선스 계약모델의 기본구조 및 조항을 설정하기 위하여 국외의 5개 모델과 국내 2개 모델을 대상으로 라이선스 계약모델의 기본구조 및 조항 내용을 비교·분석하였다.

셋째, 설정된 기본구조 및 조항에 대한 구체적인 조문 작성에 필요한 계약 내용 및 조건을 규정하기 위해 국내 도서관과 대행사를 대상으로 설문지 조사를 실시하였다. 이를 통해 현행 라이선스 계약에 대한 문제점을 파악하는 동시에 주요 조항에 대해 계약 당사자로서 라이선시의 입장에 놓여 있는 도서관과 라이선서의 입장에 놓여 있는 대행사가 바람직하게 여기는 계약 내용 및 조건을 파악하였다. 조사 대상기관은 모두 83개 기관으로서 도서관이 70군데이며 대행사가 13군데이다. 조사 기간은 2003년 9월 22일부터 10월 8일까지 17일간이며 설문지 조사는 전자 우편을 통해 이루어졌다. 모두 83건 중 62건의 설문지가 회수되어 회수율은 74.7%에 이른다.

끝으로, 도서관과 대행사 간에 문제가 되고 있는 공정 이용, 도서관 상호 대차, 아카이브 및 사생활 보호에 관한 조항들을 비롯하여 전체적인 계약모델 구조 및 조항 내용들에 대한 관련 법률가의 자문을 얻어 최종 라이선스 계약모델을 확정하였다.

1.3 용어의 정의

이 책에서 사용되는 라이선스, 라이선시, 라이선서, 라이선스 계약모델에 대한 용어 정의는 다음과 같다.

1) 라이선스(license)

현행 우리 법제에서는 라이선스라는 용어를 명시적으로 사

용하고 있지 않다. 라이선스에 상응하는 법률개념으로 특허
법에서는 '實施'를, 저작권법에서는 '이용허락'을, 컴퓨터프로
그램보호법에서는 '사용허락'이라는 용어를 사용하고 있다.
하지만 이용허락이나 사용허락에 대한 명확한 정의는 제시되
지 않고 있다.

홍재현(2000)의 '인터넷 용어사전'[2]에서는 "license(라이센스),
이용허락"에 대해 "저작권 분야에서 저작권자가 저작물 사용
자에게 부여하는 이용허락. 이것은 독점적인 사용이 보장되
어 있는 제품을 다른 사람이 사용할 수 있도록 허락하는 것
을 말한다."고 정의하고 있다.

예일 대학도서관의 LIBLICENSE 계약모델에서 제시한 정
의에 따르면, 라이선스란 "허락 없이 행할 경우에는 위법이
될 어떤 일을 행할 수 있게 하는 공식적인 허락"[3]이다. 예를
들어, 디지털 정보를 이용하기 위한 라이선스는 라이선서와
라이선시 간의 계약상의 조건하에 정보에 접근하고 정보를
이용할 수 있도록 라이선시에게 허락을 해주는 것이다.

미국통일컴퓨터정보거래법(Uniform Computer Information Tran-
sactions Act, UCITA)에 명시되어 있는 라이선스 정의에 따르
면 "정보 또는 정보재산권에 접근하거나 이를 이용, 배포, 실
연, 개작 또는 복제할 권한을 부여하지만, 권한이 부여된 접
속 또는 이용을 명시적으로 제한하는 계약으로, 정보에 대한
전권은 부여하지 않는 계약"[4]이다.

---

2) 홍재현. 『인터넷 용어사전』. 한국디지털도서관포럼. 2000. p.263.
3) LIBLICENSE 홈페이지. Retrieved 05/22/2003 from <http://www. library.
  yale.edu/~llicense/index.shtml>.
4) 미국통일컴퓨터정보거래법(Uniform Computer Information Tran- sactions
  Act, UCITA)은 350명의 현직 변호사, 판사, 교수들로 구성된 전미통

본 연구에서는 라이선스란 정보 또는 정보재산권에 대한 접근 및 이용 권리를 명시적으로 허락하는 계약으로 정의한다.

2) 라이선시(licensee)

미국통일컴퓨터정보거래법에 의하면 라이선시란 "디지털 정보를 득하거나, 이에 대한 권리를 행사하거나, 이에 접근하거나, 이를 이용하는 권리를 가지는 사람 혹은 기관"이다.

본 연구에서는 라이선시란 디지털 정보에 접근하거나 그 외의 이용을 위해 라이선스를 통해 허락을 얻는 사람 혹은 단체를 의미하는 것으로 정의한다. 라이선시는 대개 도서관이나 교육기관, 연구기관이 해당되며 디지털 정보 이용허락에 대한 비용을 라이선서에게 지불한다.

3) 라이선서(licensor)

미국통일컴퓨터정보거래법에서의 정의에 따르면 라이선서란 "디지털 정보 혹은 정보재산권을 양도하거나, 이러한 디지털 정보나 정보재산권에 대한 권리를 설정하거나, 이러한 디지털 정보 혹은 정보재산권에의 접근 또는 이용을 허락할 의무를 지는 사람 또는 기관"을 의미한다.

본 연구에서는 라이선서란 라이선스를 통해 디지털 정보에 접근하거나 그 외의 이용을 할 수 있도록 허락을 내주는 사람 혹은 단체로 정의한다.

접속서비스 제공자와 정보 컨텐츠 소유자와의 사이에 있어

일주법위원회의(National conference of Commissioners on Uniform State Laws)의 10년간의 작업을 거쳐, 1999년 7월 29일에 제정된 법으로서, 최초의 컴퓨터 정보거래 관련 라이선스 계약법이다.

서는 정보 컨텐츠 소유자가 라이선서이다. 정보 또는 정보재
산권의 교환에 있어서는 각 당사자가 당해 정보나 정보재산
권 또는 허락된 접근의 라이선서이다.

4) 라이선스 계약모델

Cox(2001)는 "법적인 복잡함을 최소화시키는 도구"[5]가 라
이선스 계약모델이라고 정의하였다. 라이선스 계약모델은 고
정되어 있는 것이 아니라 양측의 피드백을 통해 지속적으로
혁신하는 반복적인 과정을 거치며 개정이 되는 것으로 설명
하고 있다.

Janet Brennan Croft(2001)[6]에 따르면 라이선스 계약모델이란
라이선스 계약을 위한 이상적인 것으로서, 사서와 벤더 양쪽
모두에게 공정하고 이익이 될 수 있는 계약을 평가하고 협상
하기 위한 하나의 기준이다.

본 연구에서는 라이선스 계약모델이라 함은 효율적인 라이선
스 계약을 위한 합법적이고 합리적인 계약 기준이라고 정의한다.

1.4 선행 연구

본 연구에서의 선행연구는 크게 저작권법과 계약법 간의

---

[5] John Cox. "Model generic licenses: co-operation and compete-tion", *Serials Review,* vol. 26, no.1, 2000, pp.3-9.

[6] Janet Brennan Croft. "Model licences and interlibrary loan/ document delivery from electronic resources." *Interlending & Document Supply*, vol. 29, no.4, 2001. pp.165-168. Retrieved 06/03/2003 from <http://www.emerald-library.com/ft>.

관계에 대한 연구, 그리고 라이선스 계약모델 개발에 관련된 연구로 조사하였다. 이 중에서 라이선스 계약모델 개발에 관한 연구는 주로 라이선스 계약서의 구조 및 라이선스 계약 지침에 대한 연구를 포함한다.

1) 국외의 경우

먼저 저작권법과 계약법 간의 관계에 대한 선행연구로는 C. Oppenheim(2000)의 'Does Copyright Have any Future on the Internet?'[7] 연구가 있다. 오늘날의 전자 환경에서는 저작권법이 현재 형태대로는 유지될 수 없을 것이며, 계약법은 저작권의 가장 중요한 속성중의 하나가 될 것이고, 디지털 환경에서는 저작권법만이 아니라 계약법에 의존하는 경향이 더욱 커질 것이라고 주장하였다.

Evelyn Woodberry(2002)는 'Copyright vs Contract: Are They Mutually Exclusive?'[8]라는 연구를 통해 오스트레일리아에서의 도서관 상황을 놓고, 정부가 저작권을 사회적인 시각이 아니라 경제적인 시각에서 접근하기 때문에 저작권법 대 계약법이라는 갈등 구조가 대두된다고 주장하였다. 결론적으로는 계약법의 역할이 분명 중요해지고 있으며 저작권법과 공존하게 될 것이나 계약법이 결코 저작권법의 대체가 될 수는 없으며 보완하는 것이 될 것이라고 주장하였다.

---

[7] C. Oppenheim. "Does Copyright Have any Future on the Internet?" *Journal of Documentation*, vol. 56, no.3, 2000. pp.279-298.

[8] Evelyn Woodberry. "Copyright vs Contract: Are They Mutually Exclusive?" *Australian Academic & Research Libraries*, vol. 32 i.e. 33, no.4. 2002. Retrieved 05/02/2003 from <http:// www.alia.org.au/publishing/aarl/33.4/ full. text/woodberry.html>

Raymond T. Nimmer(2003)는 'Breaking barriers: The Relation between contract and intellectual property law'[9]에서, 오늘날의 온라인 전송 시대에서 계약법의 중요성은 더욱 확대되는 반면 저작권법의 중요성은 줄어드는 대지각 변동 혹은 빅뱅이 예상되지만, 그래도 이 두 법은 결코 갈등 관계가 아니며 앞으로도 공존 관계는 지속될 것이라고 주장하고 있다. 계약은 지적재산권법의 정책구조 내에 필수적으로 내재하는 것으로서, 계약의 배경이 되는 규칙이 계약법이고, 계약법의 배경 규칙이 지적재산권법이라고 제시하고 있다.

상기의 세 연구는 오늘날의 디지털 환경에서 저작권법과 계약법 간의 본질적인 관계에 대해 규명하고자 하였다. 그러나 본 연구에서 중점을 두고자 하는 도서관에서의 저작권법과 계약법 간의 딜레마와 관련해서는 구체적으로 다루고 있지 않다.

다음으로 라이선스 계약모델과 관련한 선행연구로는 다음과 같은 연구들이 있다.

Patricia Brennan et al. (1997)은 'Licensing Electronic Resources: Strategic and Practical Considerations For Signing electronic information Delivery Agreements'[10]라는 연구를 통해 라이선스의 개념을 규정하고 도서관이 라이선스 협상 전에 고려해야 할 실제적인 사항과 전략들을 제시하였다. 이러한 전략에는 정보

---

[9] Raymond T. Nimmer. "Breaking barriers: The Relation between contract and intellectual property law." Retrieved 07/04/2003 from <http://www.law.berkeley.edu/journals/btlj/articles/vol13/ Nimmer/html/text.html>.

[10] Patricia Brennan, Karen Hersey and Georgia Harper. "Licens-ing Electronic Resources: Strategic and Practical Considera-tions For Signing electronic information Delivery Agreements". Retrieved 02/05/2003 from <http://www.arl.org/scomm/ licensing/licbooklet.html>.

20

정책, 라이선스 검토 및 수정, 비용, 소유권, 배상 등과 관련
한 내용이 포함되어 있다. 실제적인 사항으로는 누가 자원을
이용할 것이며, 라이선스 계약을 하려는 자원의 접근 및 다
운로드, 인쇄 등의 위치가 어디인지, 라이선스 자료에 대한 통
제나 제한은 무엇인지 등과 같은 내용이 포함되어 있다.

John Cox(2000)는 'Model generic licenses: cooperation and com-
petition'[11]에서 John Cox & Associates에 의해 개발된 일단의
라이선스 계약모델에 관해 기술하였다. 출판사와 도서관 간
의 경쟁적 이해관계로만 라이선스를 볼 것이 아니라 도서관
과 출판사 양쪽 모두에 도움을 주는 수단으로 간주해야 한다
고 강조하였다.

Laurence W. Bebbington(2001)은 'Managing content: licensing
and privacy issues in managing electronic resources'[12]를 통해 전자
자원 관리 측면에서 저작권과 관련한 논쟁점을 고찰해 보았
다. 영국에서의 라이선스 부상에 따른 논의와 더불어 라이선
스의 주요 요소들을 고찰하고 도서관에서의 라이선스 정보
관리에 대해 논하고 있다. 라이선스 계약은 당사자들, 정의
(인증된 사용자, 이용허락 된 자료, 접근의 조건 등), 계약내
용(라이선스 유형, 목적 등), 범위, 라이선스 조항의 변경 절
차, 허락된 이용과 금지사항, 보증 및 배상, 해지, 재판관할권
및 준거법, 대금지불 등의 요소로 이루어져 있다고 제시했다.
그러나 이러한 요소들을 선정한 기준에 대해서는 밝혀져 있

---

[11] John Cox. "Model generic licenses: cooperation and competi-tion."
Serials Review, vol. 26, no.1, 2000. pp.3-9.

[12] Laurence W. Bebbington. "Managing content: licensing and privacy
issues in managing electronic resources." *Legal Information Manage-
ment,* vol. 1, no.2. 2001, pp.4-12.

지 않다.

Duncan E. Alford(2002)는 'Negotiating and Analyzing Electronic License Agreements'[13)]에서 전자 자원에 대한 라이선스 계약을 분석하면서 이런 계약 과정에서 고려해야 하는 협상점을 제시하였다. 협상점에는 가격책정, 이용자, 접근, 이용, 손해배상, 서명, 라이선스 갱신, 계약의 해지, 분쟁 해결, 준거법, 재판소 선정, 아카이빙, 소프트웨어의 갱신, 양도, 손해배상 청구 등이 포함되어 있다.

2) 국내의 경우

국내의 경우에는 전자저널을 위한 라이선스 관련 연구가 상당히 부족한 실정이다.

먼저 오병철(2002)은 '디지털 정보에 있어서 '사용(이용) 허락'과 라이선스의 구체적 의미'[14)]라는 연구에서 디지털 정보에 있어 라이선스의 구체적인 의미를 고찰하면서 특히 저작권법에서의 '이용허락'과 컴퓨터프로그램보호법에서의 '사용허락'의 개념 간의 관계를 정립하고자 하였다.

홍재현(2002)은 '디지털 정보자원 개발을 위한 저작권 연구'[15)]를 통해 종이기반 자료의 디지털화, 전자책 및 전자저널, 전자지정자료 등의 디지털 정보자원 개발과 관련한 저작권법

[13)] Duncan E. Alford. "Negotiating and Analyzing Electronic License Agreements", *Law Library Journal*, vol. 94, no.4, 2002. Retrieved 06/02/2003 from <http://www.aallnet.org/prodicts/ 2002-38.pdf>.

[14)] 오병철. 디지털 정보에 있어서 '사용(이용) 허락'과 라이선스의 구체적 의미.『계간 저작권』, 2002 봄호.

[15)] 홍재현. 디지털 정보자원 개발을 위한 저작권 연구.『정보관리연구』, vol. 33, no.4, 2002.

22

의 관련 규정을 분석·검토하였다. 따라서 본 연구가 목표로 하는 전자저널의 이용과 관련한 저작권법 및 계약법 시각에서의 접근과는 다소 거리가 있으나 전자저널을 담당하는 사서는 저작권뿐만 아니라 라이선스 계약에 관한 지식이 부족한 실정이라고 밝히는 동시에 저작권에 관한 기초지식과 라이선스 계약의 내용과 조건에 대한 이해가 필요하다는 주장을 제기하여 본 연구의 필요성을 뒷받침해주고 있다. 라이선스 계약에 있어 사서가 주의해야 할 점을 간략하게 제시하였고, 전자저널의 아카이빙을 위한 표준 라이선스 계약모델 개발의 필요성을 주장하였다.

황혜경(2003)은 '디지털정보자원의 라이센스 체결 동향에 관한 소고'[16]를 통해 라이선시의 구성방식에 따라, 그리고 대가산정방식에 따라 라이선스 계약 체결 모형을 구분하고 한국과학기술원 과학기술전자도서관의 전자잡지 국가컨소시엄(KESLI)과 한국교육학술정보원(KERIS)이 주관하는 해외 DB 공동구매 사이트를 중심으로 국내 라이선스 체결에서의 가격모형 현황을 분석하였다. 결론으로 국가적인 차원에서의 표준라이선스 계약모형을 개발하고 보급할 것을 제안하고 있어 본 연구의 필요성을 뒷받침해주고 있다.

김기태(2001)는 '저작물의 새로운 이용형태에 관한 표준계약서 계약모델 연구'[17]를 통해 전자책에 적용 가능한 표준계약서 계약모델을 개발하였다. 각종 매체의 디지털화 양상에

---

[16] 황혜경. 디지털정보자원의 라이센스 체결 동향에 관한 소고. 『정보관리연구』, vol. 34, no.1, pp.99-117, 2003.
[17] 김기태. 『저작물의 새로운 이용형태에 관한 표준계약서 계약모델 연구』, 한국전자책컨소시엄. 2001.

따라 야기될 수 있는 계약 내용의 해석에 따른 혼란을 방지하고, 저작권자와 정당한 이용자를 저작권법에 따라 원만하게 보호하기 위하여, 전송권 이용허락 및 설정계약을 중심으로 저작물 단순 전송이용허락 계약서(안), 저작물 독점전송이용허락계약서(안), 위탁저작물 이용허락 계약서(안), 저작재산권양도계약서(안)을 연구결과로 제시하였다. 전자책을 연구대상으로 하고 있어 본 연구의 대상인 전자저널과 동일한 전자 자원을 대상으로 했다는 점과, 표준계약서 계약모델을 개발했다는 점에서 본 연구와 유사성이 있다고 볼 수 있다. 그러나 근본적으로 본 연구는 표준계약서 개발에 연구의 초점을 두고 있는 반면 본 연구는 도서관 사서들이 실제 계약을 위한 협상의 전 과정에서 참고할 수 있는 지침으로서의 라이선스 계약모델 개발을 목표로 하고 있다는 점에서 차이가 있다.

위에서 살펴본 바와 같이 국외의 경우에는 전자저널 이용의 증가와 더불어 도서관에서의 라이선스 계약모델에 대한 연구 및 개발이 이루어졌으나 국내의 경우에는 아직 이에 대한 연구가 이루어진 바 없다.

이에 본 연구에서는 도서관에서의 전자저널 이용을 위한 라이선스 계약에 있어 도서관 사서들에게 지침이 되어 줄 라이선스 계약모델을 개발하고자 한다. 특히 본 연구는 라이선스 계약모델 개발 연구를 통해 디지털 환경에서의 저작권법 대 계약법이라는 구도 속에서 새롭게 대두되고 있는 관련 문제점들을 논함으로써 이에 대한 인식 제고와 더불어 활발한 논의를 통해 이용자들의 공정 이용을 더욱 확산시키고자 하는 것이 궁극적인 연구 목표라는 점에서 선행 연구들과 차이를 두고 있다.

2. 이론적 배경

이 장에서는 도서관에서의 라이선스 계약 원칙과 구성요소를 규명하고, 라이선스 계약모델의 출현배경 및 라이선스 계약에서 문제가 되고 있는 공정 이용, 도서관 상호 대차, 아카이브, 사생활 보호에 대해 고찰하고자 한다.

2.1 라이선스 계약의 기본 원칙과 문제점

2.1.1 도서관 라이선스 계약 원칙 및 구성요소

라이선스 계약은 이용허락 계약을 의미한다. 저작권심의조정위원회는 저작권법과 관련하여 "보호 저작물의 사용에 관한 이용허락을 담은 계약"[18]으로 정의하며 저작권에 관한 다른 계약, 예를 들어 저작권 양도 계약이나 근로 저작자와의 고용계약, 촉탁 저작물을 위한 계약 등과는 구별시키고 있다.

미국도서관협회에 따르면 라이선스 계약이란 라이선서에 해당하는 출판사와 라이선시에 해당하는 도서관 사이의 법적 의무와 이러한 의무를 파괴한 경우에 구제를 모색하는 권리 간의 약속으로 이루어진 법적 계약이다.[19]

---

[18] ALA. "principles for Licensing Electronic Resources", Final Draft, 1997. Retrieved 06/03/2003 from <http;//www.arl.org/ scomm/licensing/principles. html>.

[19] ALA. "principles for Licensing Electronic Resources", Final Draft, 1997. Retrieved 06/03/2003 from <http;//www.arl.org/ scomm/licensing/

따라서 라이선스는 대개의 경우 계약법을 따르게 되는데, 전자자료에 대한 접근 및 이용의 정도는 해당 자료에 대한 라이선스 계약 과정에서 협상된 조건에 의거하게 된다. 계약이란 당사자 쌍방이 서로 인지하는 가운데 약속을 실천한다는 전제하에 주고받는 것으로 민법에 따라 보호된다. 저작물 이용에 대한 계약의 경우에는 저작권법에서 규정하고 있는 내용에 관한 법리해석에 적합해야 한다.[20] 계약은 일반적으로 민법의 기본적 이념이라고 할 수 있는 사적자치의 기저이기 때문에 강행법규의 위반이 아니라면, 어떤 방식으로든 계약은 유효하게 성립한다.[21]

최초의 정보거래 라이선스 계약법인 미국통일컴퓨터정보거래법에서는 계약이라 함은 본 법 및 기타 현행법에 따라 이루어진 당사자의 합의로부터 발생한 총체적인 법적 의무라고 정의하고 있다. 동법의 제202조 내지 제206에서 명시하고 있는 계약의 성립 조건은 첫째, 청약과 승낙, 둘째, 당사자의 사실 행위, 셋째, 계약의 존재를 인정하는 전자대리인의 행위, 넷째, 그 외 합의를 보여주기에 충분한 모든 방법이다.

도서관에서의 전자저널 이용을 위한 라이선스 계약은 대개의 경우 출판사가 청약을 하고 대학도서관이 이를 승낙함으로써 계약이 성립된다. 일단 계약의 성립이 인정되면 동법 제208조 내지 제211조를 적용하여 동 계약의 계약 조건, 즉 계약 내용을 결정하게 된다. 약간의 예외가 있긴 하나, 기본

---

principles.html>.

[20] 김기태. 『저작물의 새로운 이용형태에 관한 표준계약서 계약모델 연구』, 한국전자책컨소시엄. 2001.

[21] 김윤명. IT기술 발전에 따른 저작권 이용계약과 해석. 『Digital Contents』, 2003. p.88.

적으로 당해 기록에 동의하는 때, 그 기록에 담긴 계약 조건이 당해 계약의 계약 조건이 된다고 규정하고 있다.

동법 제613조에서는 계약 과정에서의 일반적인 세 당사자들 간의 법률관계를 명시하고 있다.

첫째, '중간상인'으로서 최종이용자에게 판매 또는 라이선스 계약을 목적으로 라이선서로부터 정보를 수령하는 상업적인 라이선시이다. 흔히 에이전트 혹은 벤더, 대행사라 불린다.

둘째, '출판사'로서 중간상인에 의해 최종이용자에게 배포되는 정보를 거래 객체로 하는 라이선스를 최종이용자에게 제공하는 중간상인이 아닌 라이선서이다.

셋째, '최종이용자'로서 판매할 목적이 아니라 라이선시 자신이 이용할 목적으로 중간상인으로부터 유형의 매체를 통한 인도로써 정보를 취득하는 라이선시이다.

도서관은 엄밀히 말하자면 최종이용자가 아니지만 최종이용자를 위해 봉사하는 라이선시이다. 라이선스상에서는 도서관이 라이선시로 명시되지만, 컨소시엄 형태의 라이선스인 경우에는 컨소시엄 및 회원으로 명시된다. 그리고 실제적인 최종이용자는 이용자로 명시되면서 인증된 이용자 및 비인증 이용자로 나뉘어 명시되고 있다.

James G. Neal(2002)은 도서관에서의 라이선스 계약을 크게 다섯 가지 측면에서 분석하고 있다.[22]

첫째는 법적인 측면이다. 저작권법과 계약이라는 법적 과정을 통해 이용 및 접근 비용을 규정한다는 측면에서는 법적

---

[22] James G. Neal. "Copyright Is Dead...... Long Live Copyright." *American Libraries*, vol. 33, no.11, 2002. pp.48-51.

인 관점이 필수적이다.

둘째는 경제적 측면이다. 단지 지불되는 비용만이 아니라, 라이선스를 협상하는 과정의 비용, 관리비 및 유지비는 경제적 측면에서 바라볼 수 있다.

셋째는 정치적 측면이다. 공정 이용 및 저작권을 전자정보에는 적용시키지 못하도록 법률적으로 변경하는 측면으로서 이는 정책 결정과 관련되는 관점이다.

넷째는 심리적 측면이다. 라이선스 계약은 유리한 계약 내용을 이끌어 내기까지 요구되는 개인이나 조직이 갖고 있는 권력, 수행력, 인내심 등에 달려있다는 측면에서 심리적인 측면을 지니고 있다고 할 수 있다.

다섯째는 사회적 측면으로서 공정 이용이 그 핵심에 있다.

이러한 시각과 관련하여, 도서관은 사회적인 측면에 중점을 두고 있는 반면 정부는 경제적인 측면에 중점을 두고 있기 때문에 갈등이 생겨난다고 Woodbery(2002)[23]는 밝힌 바 있다. 물론 지적 자원의 공정 이용을 통한 사회정의 실현이라는 사회적인 기능이 도서관의 존립 이유이며 따라서 이러한 사회적인 측면에 특별히 중점을 두는 것은 당연하다. 하지만 도서관이 이러한 사회적 기능을 효율적으로 온전히 수행할 수 있기 위해서는 사회적 측면 이외에도 법적, 경제적, 정치적, 그리고 심리적 측면까지 다각적으로 바라보는 노력이 필요할 것이다.

---

[23] Evelyn Woodberry. "Copyright vs Contract: Are They Mutually Exclusive?" *Australian Academic & Research Libraries*, vol. 32 i.e. 33, no.4. 2002. Retrieved 05/02/2003 from <http://www.alia.org.au/publishing/aarl/33.4/full.text/woodberry.html>.

한편, 도서관에서의 라이선스 계약과 관련하여 Bebbington (2001)[24]은 라이선스를 구성하고 있는 일반적인 구성 요소들을 다음과 같이 제시하였다.

1) 당사자: 라이선스 당사자들의 이름을 분명하게 밝힌다.
2) 정의: 필수적인 용어들, 예를 들어 '인증된 이용자' 혹은 '라이선스 자료', '접근' 등의 용어에 대한 정의를 제시한다.
3) 합의사항: 라이선스 유형, 라이선스 목적 등에 관한 전반적인 내용을 밝힌다.
4) 대상: 라이선스가 되는 자료에 대한 상세한 기술이 제시된다.
5) 변경사항: 컨텐츠 제공자들은 흔히 라이선스 사항을 일방적으로 변경시킬 수 있음을 허용하는 조항을 삽입시키고는 한다.
6) 허락된 이용과 금지된 이용: 이는 접근, 이용, 디스플레이, 다운로드, 저장, 재이용 등을 포함하여, 라이선스 자료의 공정 이용과 관련한 필수적인 주요 사항이다.
7) 이행사항, 보증, 배상, 책임: 라이선시는 라이선스상에 특정 이행사항들, 예를 들면 라이선서는 하루 24시간 접속을 가능하게 하기 위한 적절한 하드웨어 및 소프트웨어를 제공 한다든가 하는 이행 사항들이 포함되어 있는지 확인해야 한다.

---

[24] Laurence W. Bebbington. "Managing content: licensing and privacy issues in managing electronic resources." *Legal Information Management,* vol. 1, no.2. 2001, pp.7-8.

8) 계약의 해지: 어느 일방에 의해 라이선스가 해지될 수 있는 조건 혹은 과정에 대해 명시되어야 한다.

9) 재판관할권 및 준거법: 라이선스의 해석에 있어 어느 법을 따를 것인지 명시하여야 한다.

10) 비용 및 지불: 구독 비용, 부가세 관련 사항, 그리고 지불 과정에 대한 내용이 명시되어야 한다.

이상의 구성 요소들은 크게 세 가지 문제를 다루고 있는 것으로 구분할 수 있다.

첫째는 라이선스 자료의 문제로서 거래가 되는 정보 주체의 문제라고 할 수 있다. 어떤 권리가 보유 되고 양도 되는지, 해당 제품에 대해 어떤 비용 혹은 가격이 지불되는지를 규정하는 요소들이다.

둘째는 책임 문제로서 문제의 라이선스 자료와 관련하여 어떤 과실, 결함, 그리고 명예훼손이나 비방이 있는 경우 손해배상청구의 소재를 규정하고 있다.

셋째는 실행 문제로서 거래가 어떻게 이루어질 것인지, 언제 완결되고, 어느 법의 적용을 받게 되고, 쌍방의 관계 설정에는 어떤 문제들이 연관되어 있는지를 규정하고 있다.

이러한 라이선스 자료의 문제, 책임 문제, 실행 문제들은 저작권법에서는 다루고 있지 않은 것들이다. 이는 어떤 거래의 경우에서도 계약에 의해 명시되어야 할 가장 중요한 요소들인 바, 계약법이 저작권법보다 더 많은 문제를 다룬다고 볼 수 있다.[25]

---

[25] Raymond T. Nimmer. "The Relation Between Contract and Intellectual Property Law." Retrieved 07/04/2003 from <http://www.law.berkeley.

IFLA 위원회는 이러한 라이선스 계약에 있어 도서관 사서
가 유념하여야 할 원칙을 2001년에 제시한 바 있다.[26] 크게
8개 부문으로 나누어 모두 32개 조항을 제시하고 있는데 그
내용은 다음의 <표 1>과 같다.

edu/journals/btlj/articles/vol13/Nimmer/html/text.html>.
[26] IFLANET. "Licensing Principles(2001)" Retrieved 05/03/2003 from
<http://www.ifla.org/V/ebpb/copy.htm>.

<표 1> IFLA의 라이선스 계약 원칙

라이선스와 법
원칙 1. 라이선스는 도서관과 출판사 혹은 벤더 간의 합의를 나타내는 것으로 그 내용과 조건은 계약 체결 이전에 라이선시에게 충분히 알려져야 하며 쌍방 간의 협상을 통해 그 내용과 조건을 결정해야 된다.
원칙 2. "shrink-wrapped" 및 "click-through"와 같은 비협상 라이선스의 경우에는, 저작권, 사생활 보호, 지적 자유 및 소비자권리와 같은 분야에서의 공공 정책을 지원하는 내용이어야 한다.
원칙 3. 라이선스 계약은 저작권법에 의해 허용되어지는 권리를 배제하거나 이에 부정적인 영향을 미치는 것이어서는 안 된다.
원칙 4. 준거법의 선정은 쌍방이 인정하는 것이어야 한다.
원칙 5. 라이선스는 도서관 고객의 일차 언어로 협상되고 쓰여져야 한다.

라이선스와 가치
원칙 6. 라이선스 합의 사항은 관계 당사자의 요구를 충분히 인지하여 명백하고 망라적으로 규정되어야 한다.
원칙 7. 라이선스는 쌍방의 권리와 책임에 균형을 이루어야 한다.
원칙 8. 라이선스는 해제나 소송 이전에 구제 기간 및 여타 해결 방식을 제공해야 한다.
원칙 9. 계약 당사자들은 합당하고 규정된 상황하에서 계약을 해지할 권리를 가져야 한다.

라이선스: 접근과 이용
원칙 10. 라이선스는 라이선시에 등록하고 있는 모든 이용자에게 접근을 제공해야 한다.
원칙 11. 라이선스는 라이선시의 도서관 구내에 있는 개별 미등록 이용자에게 접근을 제공해야 한다.

원칙 12. 라이선스는 지리적으로 멀리 떨어져 있는 사이트인
　　　　 경우에도 라이선시 조직의 일부인 경우에는 접근을
　　　　 제공해야 한다.
원칙 13. 원격 접근은 웹기반의 이용자 친화적인 인터페이스
　　　　 를 통해 제공되어야 한다.
원칙 14. 자관으로 다운로드 된 데이터는 여러 표준 포맷으로
　　　　 이용할 수 있어야 하며 모든 주요 컴퓨팅 플랫폼과
　　　　 네트워크 환경에서 이식 가능해야 한다.
원칙 15. 라이선스는 이용자들이 최소한 자신의 사적 목적을
　　　　 위해서는 어떠한 제한도 없이 자료를 읽고, 다운로드
　　　　 하고, 출력할 수 있도록 해야 한다.
원칙 16. 원격접근을 통해 제공자의 사이트로 제공된 자원은
　　　　 24시간 기준으로 이용가능 해야 한다.
원칙 17. 컨텐트의 안정성이 보장되어야 하며 컨텐트 변경 내용
　　　　 에 대해서는 기관 이용자에게 통지되어야 한다.

라이선스와 최종이용자

원칙 18. 도서관은 전자 자원에 대한 합당한 이용과 관련한
　　　　 교육을 이용자에게 실시해야 하며 이용자들의 불법
　　　　 이용을 방지하기 위한 합리적인 방도를 취하는 동시
　　　　 에 제공업자와 더불어 그러한 불법 이용이 밝혀지는
　　　　 경우에는 침해를 중지하기 위한 방도를 취해야 한다.
　　　　 그럼에도 불구하고 도서관은 개별 이용자들의 행동
　　　　 에 대해 법적 책임을 지지는 않는다.
원칙 19. 개인이나 도서관이 이용자를 대신하여 합의하였거나
　　　　 합의에 관련되어 있는 경우에는 개별 이용자들로 하
　　　　 여금 계약에 동의하도록 "클릭" 계약과 같은 계약을
　　　　 요청하는 것은 적절하지 못하다.
원칙 20. 이용자의 사생활은 보호되고 존중되어야 한다.
원칙 21. 네트워크 정보 제공업자는 도서관 라이선시가 자원
　　　　 의 이용에 대한 효과성을 평가할 수 있도록 이용자
　　　　 의 이용 데이터를 제공해야 한다.

라이선스와 영구 접근

원칙 22. 실행 가능한 적절한 수단을 통해 라이선스 자료로 영구 접근할 수 있는 조항이 라이선스에 포함되어야 한다.

원칙 23. 라이선스는 해당 전자정보 자원에 대한 장기 접근 및 아카이빙 관련 조항을 명시하는 동시에 이에 대한 책임을 명시해야 한다.

라이선스와 가격책정

원칙 24. 가격은 이용을 저해하는 것이 아니라 이용을 장려하는 방향으로 책정되어야 한다.

원칙 25. 가격은 숨김없이 모두 밝혀야 한다.

원칙 26. 인쇄형태 자원의 번들이 아닌 형태로 전자 버전을 제공하는 데 대한 가격이 제시되어야 한다; 라이선시에게 이익을 주는 경우라면 번들 형태의 가격도 제시될 수 있다.

원칙 27. 전자 자원으로 대체하기 위해 인쇄 자원의 구독을 취소하는 경우에 위약금을 지불하도록 해서는 안 된다.

원칙 28. 라이선스 조건의 비공개 요구는 일반적으로 부적절한 것이다.

도서관 상호 대차

원칙 29. 도서관 상호 대차 혹은 이에 상응하는 서비스가 포함되어야 한다.

원칙 30. 일반적으로 도서관은 라이선스 정보로부터 추출한 합리적인 길이의 발췌분을 정보 이용에 대한 계약이 체결되어 있지 않은 도서관으로 전달할 수 있어야 한다.

교수 및 학습

원칙 31. 라이선스는 전자적 보존과 같은 온라인 강의 지원 활동에 나타나는 강의 관련 정보로의 링크나 이러한 정보에 대한 복제를 허용함으로써 초등학교에서 대학교까지의 교수 및 학습을 지원해야 한다.

원칙 32. 라이선서는 이용자의 물리적인 위치에 상관없이 해당 도서관 혹은 기관을 이용하는 이용자의 등록 관계를 확인하여 이들이 라이선스 되어 있는 전자정보 자원에 일상적으로 접근할 수 있도록 허용해야 한다.

상기 <표 1>에서 보는 바와 같이 "라이선스와 법", "라이선스와 가치"에서는 라이선스를 이해하는 데 필요한 기본적인 개념과 원칙을 명시하고 있다. "라이선스: 접근과 이용"은 이용자 및 이용의 범위에 대한 원칙이다. "라이선스와 최종이용자"에서는 이용자의 사생활 보호, 이용자에 대한 교육, 이용 데이터 제공에 대한 원칙이 명시되어 있다. "라이선스와 영구 접근"은 아카이브 관련 원칙이다. 이 외에도 "라이선스와 가격 책정", "도서관 상호 대차", "교수 및 학습" 부문의 관련 원칙들이 제시되어 있다. 이들 원칙은 도서관에서의 라이선스 계약에 있어 가장 핵심적인 논쟁점에 대한 원칙이라 할 수 있다.

2.1.2 저작권법과 라이선스 계약

저작권법은 민법의 특별법으로서의 지위를 가지며, 컴퓨터 프로그램보호법은 저작권법의 특별법적 성격을 띠고 있다. 일반적으로 특별법은 일반법보다는 구체적인 규정을 두고 있다. 그래서 저작권법에서는 그 권리관계나 이용허락, 제한 등에 대해 민법이 가지지 못하는 부분을 담고 있다. 그렇지만 특별법이라고 하더라도 모든 사항을 다 고려하고 있는 것은 아니다. 따라서 저작권법에서 규정되지 않은 사항으로서 당사자 간의 이해관계가 합리적으로 해결되지 않은 경우에는 일반적인 민법에 의해 해결하게 된다.

특히, 저작권법을 포함한 지적재산권법은 권리발생이라는 행정법적 측면이나 침해 등에 대한 소송부분을 제외하면, 이용과 관련된 계약부분이 많은 부분을 차지해 실제에 있어서 이용계약이 지적재산권의 실체라고 해도 과언은 아니다. 실질적으로 저작권관련 분쟁에 있어서 다툼의 주된 내용은 저작권의 이용계약에 대한 부분이며, 이중에서도 계약의 범위에 대한 사항이라고 할 수 있다.[27] 만약 저작자와 이용자가 저작물 이용계약을 체결하면서 계약서상에 구체적인 이용방법과 조건들을 분명하게 명시하였다면 별다른 문제가 없겠지만 그렇지 못한 경우 계약의 범위를 어떻게 해석할 것인지 문제가 된다. 이러한 계약 해석에 있어, 저작물 이용허락 계약에 관해 저작권법에 규정되어 있지 않은 사항은 민법상 계약에 관한 규정에 따라서 해결되는 것이다.

저작권법은 저작자의 저작물에 대한 배타적 지배권을 인정하여 저작자의 이익을 도모하는 한편 일반 공중의 자유로운 저작물 이용허락을 통해 일반 공중의 이익을 도모하는 방법으로 양자 간의 균형을 이루고 있다. 공정 이용의 원칙이나 최초판매의 원칙 역시 저작권자와 일반 공중의 이익 균형을 위한 저작권법 질서 중의 하나라고 할 수 있다.

원래 저작권자의 배포권은 불법복제물이나 도난 또는 기타 불법적인 복제물의 경우에 저작권자를 충분하게 보호하기 위해 복제권에 보완적으로 부여된 권리이다. 따라서 배포권은 저작권자가 일단 제작물의 복제물의 배포에 동의한 경우에는 적용될 여지가 없다는 것이 최초판매의 원칙의 논거이다.

유체적 복제물의 소유권이 판매 등에 의해 이전되는 경우, 별도의 규정이 없는 한 저작권자는 자신의 배포권을 지속적으로 행사할 수 있게 된다. 이 경우, 유형적 재산의 소유자는 그 재산에 대한 완전한 지배권을 가지며 그를 마음대로 처분

---

[27] 김윤명. "IT기술 발전에 따른 저작권 이용계약과 해석." *Digital Contents*, 2003. 2. p.91.

할 수 있다는 법원칙과 충돌하게 된다. 이러한 충돌을 조율하기 위해 저작권자의 배포권을 최초판매로 국한하는 것이다. 이 원칙은 두 가지 주요 기능을 갖고 있다.[28]

첫째는 저작권자가 배포권을 이용하여 복제물의 계속적인 배포과정에 지속적으로 관여하는 것을 차단함으로써 저작권자가 자신의 저작권 경쟁 제한을 위한 수단으로 사용하는 것을 막는 것이다.

둘째는 일단 유통된 저작물의 경우, 저작권자의 간섭 없이 자유로이 처분될 수 있도록 함으로써 정보의 자유로운 유통을 보장하는 것이다.

그러나 이러한 배포권은 책과 같은 유체물[29]을 대상으로 하는 것이었다. 전자저널과 같은 디지털 복제물은 유체물이 아니므로 유체물의 경우와는 다른 문제점을 안고 있다.

첫째, 무체물의 배포는 전송을 통해 이루어지는데 이 경우 일시적이든 영구적이든 복제가 이루어진다는 점이다.

둘째, 전송이 완료된 시점에도 전송자는 전송의 대상이 되었던 저작물을 그대로 보유하고 있다는 점이다.

이러한 문제점으로 인해 등장하게 된 것이 전송권이다. 하지만 전송권의 신설은 결국 다음과 같은 방식으로 최초판매

---

[28] 임원선. 디지털 시대의 최초판매의 원칙에 대한 소고. 『계간 저작권』, 2001 겨울호. pp.2-11.

[29] 공간의 일부를 차지하고 사람의 오감에 의하여 지각할 수 있는 형태를 가지는 물질을 말한다. 물건의 개념을 유체물에 한하느냐 또는 무체물도 포함시키느냐에 관하여는 입법주의가 나누어져 있다.

원칙을 무력화시키는 것이 되었다.

첫째, 디지털 복제물의 배포, 즉 전송을 위해서는 별도의 전송권을 득해야 하며,

둘째, 저작권자들은 기술적 보호조치를 강구하고 있다.

이렇게 최초판매의 원칙이 적용될 수 있는 가능성이 축소되어 가고 있다는 사실은 당초 최초판매의 원칙이 가지고 있는 중요한 기능, 즉 저작권의 경쟁 제한적 목적에의 남용 제한이라는 기능과 정보의 자유로운 유통 촉진이라는 기능 역시 그만큼 축소되어 가고 있음을 의미한다.

디지털 정보거래에도 계약자유의 원칙이 인정된다. 따라서 계약을 통해 공정 이용의 원칙이나 최초판매의 원칙과 같은 저작권법상의 이익균형을 위한 법원리를 수정하거나 배제하고자 하는 경우, 이러한 계약내용이 유효한지에 대한 문제점이 제기된다. 디지털 정보거래를 위한 계약 과정에서 저작권자에게 유리하도록 수정 혹은 배제함으로써 기존의 저작권법이 유지해오던 저작권자의 이익과 일반 공중의 이익 간의 미묘한 균형이 무너지는 경우, 이 계약내용이 유효한 것인가 하는 것이다. 이와 관련하여 디지털 정보거래를 통해 저작권법상의 원리를 수정할 수 없다는 입장에서, 저작권법에 의하여서는 보호되지 않는 대상이 당사자 간의 계약에 의하여 저작권에 상응하는 권리를 발생시킨다면 그러한 계약의 조건은 부정하여야 한다는 견해가 제기되기도 한다. 즉 저작권자가 허용된 범위를 넘어서는 이용을 위하여 독점을 확대하기 위한 목적으로 계약법을 이용한다면 이는 불법이라는 것이다.[30]

---

[30] 이대희. "디지털정보거래에서의 계약법과 저작권법의 관계-미국

다른 한편으로는 앞으로 계약법이 저작권법을 대체해 갈 것인지 아니면 계약법은 단지 저작권법의 보조 역할에 그치는 것인가에 대한 논의도 있다.

Oppenheim(2000)은 전자 환경에서의 저작권이 현재의 형태로는 존속하기 어려우며 계약이야말로 저작권과 관련하여 가장 중요한 것 중의 하나가 될 것이라고 주장하였다.[31] 즉 전자 환경에서는 저작권법만이 아니라 계약 쪽에 더 많은 비중이 두어질 것이라는 주장이다. 반면에 Woodberry(2002)는 계약이 저작권법을 대체하는 것이 아니라 보완하는 것이라고 주장하였다.[32]

Nimmer(2003)는 계약이 지적재산권법의 정책구조 내에 필수적으로 내재하는 것이라는 주장 속에 이 두 법의 관계를 정리하고 있다.[33] 주된 재산권으로서의 복제물 제작 및 배포에 초점을 두고 있는 저작권법은 오늘날의 디지털 정보세계에서의 온라인 배포 방식에는 적합하지 않기 때문에 앞으로 계약법과 계약 행위의 중요성은 더욱 커지는 반면, 저작권법은 그 중요도가 점차 줄어드는 지각변동 혹은 "빅뱅"이 있으리라는 예견은 하고 있지만, 두 법은 앞으로도 계속 공존 상

의 UCITA와 관련하여", 국제거래법연구, 제8집, p.193.

[31] Oppenheim C. "Does Copyright ave any Future on the Internet?" *Journal of Documentation*, vol. 56, no.3, pp.279-298. 2000.

[32] Evelyn Woodberry. 2002. "Copyright vs Contract: Are They Mutually Exclusive?" *Australian Academic & Research Libraries*, vol. 32 i.e. 33, no.4. Retrieved 05/02/2003 from <http://www.alia.org.au/publishing/aarl/33.4/full.text/woodberry.html>.

[33] Raymond T. Nimmer. "The Relation Between Contract and Intellectual Property Law." retrieved 07/04/2003 from <http://www.law.berkeley.edu/journals/btlj/articles/vol13/Nimmer/html/text.html>.

태를 유지할 것이라고 주장하였다. 지적재산권법이 정보 재산의 생성 및 배포와 관련된 것이라면, 정보재산의 이용을 상업화 하는 계약 역시 기존의 정보 재산을 배포하거나 새로운 정보 재산을 생성하는 데 대한 재정적 인센티브를 제공하는 매트리스 구조의 일부라는 것이다. 이런 측면에서 보면 소위 지적재산권이라는 것이 계약법 없이는 존재하지 않을 것이라는 주장이다.

이 두 법의 본질에 대한 분석은 다음과 같다.[34]

첫째, 계약법은 이해관계에 놓인 쌍방이 자신의 관계를 규정하는 것과 관련하여 일방이 선택하는 체제(party choice regime)인 반면에 저작권법을 포함한 지적재산권법은 기득권 체제(vested rights regime)이다.

둘째, 계약권은 계약 상대방에 대해 갖는 권리이고 재산권은 세상에 대해 갖는 권리이다.

셋째, 계약법은 쌍방이 달리 계약하지 않은 경우에 그 관계가 어떻게 되는지를 지시하는 배경 규칙 혹은 기본 규칙을 제공하며, 지적재산권법은 계약법의 배경 규칙 혹은 기본 규칙을 제공해 준다.

이상에서 살펴본 바와 같이 전자저널의 이용이 증가하기 시작했던 1990년대 중반에는 라이선스 계약의 증가와 더불어 계약의 중요성이 부각되면서 계약법이 저작권법을 대체하게 되리라는 예견들이 제시되기도 하였으나 최근에는 저작권법과 계약법의 관계는 갈등이나 대립이 아닌 상호 보완적인 공존의 관계라는 쪽으로 의견이 수렴되고 있는 것으로 분석된

---

[34] *Ibid.*

다. 물론 앞으로 계약의 중요성이 더욱 커질 것이라는 점에는 이견이 없다.

저작권자의 권리를 더 강화시켜야 한다거나 이용자의 권리를 더 강화시켜야 한다는 주장들이 대립하고 있지만 어느 경우이건 계약의 내용과 조건은 저작권법 혹은 지적재산권법에서 규정해 놓은 세세한 규칙들에 의해 결정되는 것이 아니라 거래 과정에서 이해당사자들이 어떤 협상 과정을 거쳐 어떤 계약 내용 혹은 조건으로 합의를 보는가에 의해 결정된다.

2.1.3 계약 당사자 간에 문제가 되는 계약 조건

저작물을 판매하는 것과 라이선스 계약을 하는 것 간에는 커다란 차이가 있다. 한 저작의 물리적인 복제물을 판매하는 것은 소비자에게 지적재산권을 양도하는 보편적인 계약모델로서, 복제물에 담겨 있는 소유권을 전적으로 양도하는 것을 의미한다. 저작권법은 지적재산권이 부여된 저작물이 판매되면 '최초판매의 원칙'에 따라 판매된 저작물에 담긴 저작권자의 권리를 제한하게 된다. 이에 따라 구매자는 자유롭게 대여하거나 재판매를 할 수 있게 됨으로써 지속적인 정보의 배포가 이루어지게 되는 것이다. 반면에 라이선스 계약은 특정 조건에 따라 특정 아이템을 이용할 수 있는 권리를 제한적으로 양도하는 것이다. 계약의 자유에 따라 서로 다른 이해관계에 놓인 쌍방 간에는 협상 결과에 따라 다양한 조건으로 계약이 이루어질 수 있다.

이렇게 협상 과정은 라이선스 계약 내용과 조건을 결정짓는 매우 중요한 단계이다. 계약서상에 분명하게 명시되어 있지 않은 사항에 대해서는 그 권리를 보장 받기 어렵고 추후 분쟁이 발생할 여지가 크다. 따라서 효율적인 라이선스 계약을 위해서는 어떤 계약 내용을 어떤 조건으로 협상해야 할지에 대한 지침과 원칙을 필요로 한다. 이러한 라이선스 원칙을 제시하는 것으로는 앞서 2.1.1에서 고찰한 바 있는 IFLA의 라이선스 계약 원칙이 있다. 살펴본 바와 같이 이 원칙은 크게 8개 부문으로 구분되어 있었는데 이 절에서는 이 중에서 현재 도서관과 출판사 혹은 대행사 간에 가장 큰 시각 차이를 보이고 있는 공정 이용, 도서관 상호 대차, 아카이브의 문제, 그리고 향후 그 중요성이 더욱 커질 것으로 판단되는 사생활 보호 문제를 중심으로 고찰하고자 한다.

IFLA 원칙에서 이들 논쟁점과 관련 있는 부문은 "라이선스: 접근과 이용" 그리고 "교수 및 학습" 부문으로서 이는 이용자와 이용의 범위에 대한 것으로 결국 공정 이용과 관련이 있는 것이다. "라이선스와 최종이용자" 부문은 이용자의 사생활 보호와 관련 있는 부문이다. "도서관 상호 대차" 부문과 "라이선스와 영구 접근"은 각각 도서관 상호 대차 및 아카이브 관련 부문이다.

IFLA의 원칙 8개 부문에는 이 외에도 "라이선스와 법", "라이선스와 가치" 부문이 있으나 이는 라이선스를 이해하는 데 필요한 기본적인 개념을 명시하는 부문으로서 이에 대해서는 앞서 2.1.1 및 2.1.2에서 이미 고찰하였으므로 본 논의 대상에서 제외하였다. 마지막으로 "도서관과 가격책정" 부문은 가격모델에 관한 부문으로서 가격모델은 본 연구의 범위를 넘어서는 것인 바 본 논의 대상에서 제외하였다. 라이선스 계약모델이란 모든 계약에 일반적으로 적용 가능한 계약조건을

명시한 것인데 반해 가격책정은 계약기간과 마찬가지로 쌍방
간의 합의하에 매 계약마다 달라지는 것이므로 라이선스 계
약모델의 범위를 넘어서는 것이다.

이렇게 도서관에서의 라이선스 계약에서 가장 핵심적인 논
쟁점이라 할 수 있는 공정 이용, 도서관 상호 대차, 아카이브,
사생활 보호 문제를 중심으로 각각의 라이선스 계약 조건을
고찰하면 다음과 같다.

1) 공정 이용 관련 계약 조건

국내 저작권법 제28조 1항 1호에 따르면 조사·연구를 목적
으로 하는 이용자의 요구가 있는 경우, 도서관은 공표된 도
서 등의 일부분의 복제를 1인1부에 한하여 그리고 관내 전송
에 한해 "보관된 도서 등"만을 이용해 복제하거나 전송할 수
있다. 이 경우 "동시에 열람할 수 있는 이용자의 수는 그 도
서관 등에서 보관하고 있거나…… 이용허락을 받은…… 부수
를 초과할 수 없다"고 규정되어 있다. 관외 전송의 경우, 판
매용으로 발행된 도서는 5년이 경과한 도서에 한하여 관외
전송을 위한 복제나 전송이 가능하다. 이는 이전의 저작권법
에 비해 도서관에서의 면책 요건이 상당히 축소된 것이다.

저작권법 내에는 공정 이용과 같은 정책적 배려가 분명하
게 명시되어 있으나 이러한 배려를 라이선스에 포함시킬 의
무가 없는 라이선서들은 이제 이용자 및 이용에 제한을 가하
는 수단으로 라이선스를 이용하고 있다.

라이선스 계약을 통해 이용자와 이용에 대한 규정을 결정
짓고 나면, 아이디와 패스워드 방식을 통해 특정 학술 집단
의 공식적인 구성원에게만 이용을 허락하게 된다. 또한 이제

는 전자자료 이용을 위한 라이선스 계약 내용에 동시 접속 이용자 수 제한에 관한 조항이 존재할 경우 이를 따라야 한다. 자관의 이용 혹은 접근 정책을 스스로 규정해오던 사서들에게 있어 이런 이용자 인증 방식은 접근에 대한 통제력의 상실감을 가져다 주는 동시에, 집단과 사회의 공익을 위해 정보를 폭 넓게 허용해오던 힘을 잃게 하는 것이다.

한편 라이선스는 이용자의 권리도 제한한다. 라이선스 계약에서는 인쇄 자료의 경우보다 라이선시가 정보를 이용할 수 있는 권리는 더 축소되면서 이용에 대한 제한은 더욱 커진다. "pay-by-view" 체제로 갈 경우, 단지 해당 이용자가 필요로 하는 자료인지의 여부를 확인하기 위한 브라우징에도 가격이 책정되는 사태가 생길 수 있다. 학술 집단은 새로운 아이디어와 최신의 정보를 찾아 즐겨 브라우징을 하며 이를 통해 소중한 발견의 기쁨을 누려왔으나 이제는 이러한 브라우징도 제한이 될 수 있는 것이다.

디지털 세계에서 출판이라고 하는 것이 갖는 본질적인 변화, 라이선스 이용의 증가, 기술보호 서비스의 이용 등과 같은 발전으로 인해 개인들은 예전보다 더욱 새로운 발전적인 방식으로 정보에 접근할 수 있는 기회를 갖게 되었지만 라이선스 계약이라고 하는 과정을 통해 오히려 공정 이용을 제한하는 결과를 초래할 수도 있게 되었다. 저작물이 단순히 디지털 형태를 하고 있다고 해서 그 저작권자가 과거에는 누리지 못했던 권리를 추가로 향유할 수 있다는 것은 한 번 비판적으로 재고해볼 점이다.

물론 공정 이용을 저해하지 않는 범위 내에서는 저작권자가 자신의 창조적인 저작에 대해 공정한 보상을 받을 수 있도록 부정이용을 방지할 수 있는 기술적 보호 조치에 대해 도서관도 적극 협조해야 한다. 그러나 이러한 기술적 보호 조치는 결코 완벽한 것이 아니므로 근본적인 문제 해결을 위해서는 도서관이 이용자에게 저작권의 중요성, 저작권법 준수의 중요성, 라이선스상에 명시되어 있는 인증된 이용 및 인증되지 않는 이용에 대한 이해 등에 대한 올바른 교육이 필요하다. 더불어 도서관은 디지털 시대에도 이용자의 공정 이용이 보호 받고 더욱 확대될 수 있도록 저작권법 및 계약법에 관한 지식을 쌓아 입법 과정 및 정책 수립 과정에 적극적으로 참여하고 이에 대한 사회적인 인식 제고를 위해 노력해야 한다.

2) 도서관 상호 대차 관련 계약 조건

도서관 상호 대차는 미국의 경우 1976년 저작권법 제108조와 CONTU(National Commission on New Technological Uses of Copyright Works) Guidelin[35])에서 인정되고 있으며 영국의 경우에는 Copyright Design and Patents Act 1988에 "도서관 특권"[36]) 이라 하여 인정되고 있다.

우리나라의 경우에는 저작권법 제28조 1항 3호에 따라 "다른 도서관 등의 요구에 따라 절판, 그 밖의 이에 준하는 사유로 구하기 어려운 도서 등의 복제물을 보존용으로 제공하

---

[35]) CONTU 지침은 저작권법하에서 허용되는 도서관 상호대차에서의 이용을 위한 복제량을 이해하는 데 있어 도서관 사서와 저작권자에게 도움을 주기 위해 개발된 것이다. Retrieved 07/01/ 2003 from <http://www.cni.org/docs/infopols/CONTU.html>.

[36]) Copyright, Designs and Patents Act 1988(c.48). Retrieved 07/01/2003 from <http://www.hmso.gov.uk/acts/acts1988/Ukpga_19880048_en_1.htm>.

는 경우" 도서관 등에 보관된 도서 등을 사용하여 저작물을 복제할 수 있다고 규정하고 있으나 디지털 형태로는 복제할 수 없도록 되어 있다. 도서관 간의 열람 목적의 전송 및 디지털 도서 등의 출력 등에 대해서는 법정허락제도를 도입하여 문화관광부 장관이 정하여 고시하는 기준에 의한 보상금을 저작재산권자에게 지급하거나 이를 공탁하도록 명시되어 있다. 이렇게 도서관 상호 대차는 학술 커뮤니티 내에서는 관례적으로 인정되는 개념이었지만 디지털 환경에서는 법적으로 크게 제한되고 있다.

그런데 현재 사용되고 있는 도서관 상호 대차라는 용어 자체가 전자 환경에서는 "오해의 여지가 있는 용어"[37]라는 주장이 있으며, 혼란과 갈등을 피하기 위해서는 "타 도서관으로의 제공"[38]이라고 칭하는 것이 바람직하다는 주장도 제시되고 있다. 무엇보다도 대차라는 용어가 제시하는 것은 어느 한 시점에서 자료가 되돌려 보내진다는 것인데 이러한 대차 개념은 인쇄 환경에서의 도서 경우에만 해당되는 것으로 전자 환경에서의 자료에는 해당되지 않는다. 이런 활동을 좀 더 정확하게 다루는 용어로는 "도서관 상호자원공유 혹은 도서관 상호 이용"[39]이 바람직하다는 의견이 제시되고 있다.

---

[37] Janet Brennan Croft. "Model License and Interlibrary Loan/ Document Delivery from Electronic Resources." *Interlending & Document Supply*, vol. 29, no.4. 2001. pp.165-68. Retrieved 07/01/2003 from <http://www.emeraldinsight.com/pdfs/ids294.pdf>.

[38] John Cox. "Scholarly Communication in the Third Millenium: Making Sense of Economic Technological and Management Challenges", Retrieved 02/07/2003 from <http://www.lib.mq.edu.au/conference/sustainability/scholarly.html>.

[39] Emanuella Giavarra. "Licensing Digital Resources: How to avoid the

기존의 인쇄 자료와 관련해서는 도서관 상호 대차가 잘 이루어져 왔음에도 불구하고 동일한 컨텐츠가 단지 전자적으로 배포된다는 이유만으로, 배포의 매체가 다르다는 이유만으로 도서관 상호 대차를 부정하는 것은 논리적이라고 할 수 없다. 새로운 기술의 발전을 통해 이용자들은 더 나은 이용 환경과 혜택을 누리는 것이 바람직함에도 불구하고 이로 인해 오히려 이용의 제한을 받거나 방해를 받는 것은 합리적이지 않다.

전자저널과 같은 전자적 전송물(e-products)[40]의 분류문제를 해결하기 위하여 세계무역기구가 채택하는 기본원칙[41] 중의 하나로 기술중립성(technology neutrality)이 있다. 이 원칙에 의하면 제공 기술이 변경되어도 적용되는 거래상의 보호는 변경되지 않아야 한다. 즉, 전자적으로 전달되는 서적이나 기록은 지면을 통하여 전달되는 경우에 비하여 거래상의 불이익을 받아서는 안 된다. 이 원칙을 전자저널에 적용한다면 인쇄 저널의 경우에는 도서관 상호 대차가 가능했는데 전자저

---

legal pitfalls." European Copyright User Platform. Pre-print. 1998. Retrieved 02/07/2003 from <http://www.eblida.org/ecup/docs/warning.html>.

[40] 전자 전송물이란 종래 유체물의 형태로 제공되던 내용물 중심의 산물로서 현재에는 인터넷을 통한 다운로드에 의해 전자적 형태로 제공되는 산물을 의미하며 전자책, 음악, 영상물, 컴퓨터 소프트웨어 등이 이러한 전자 전송물로 분류될 수 있다. 전자저널 역시 종래 인쇄 형태의 저널로 제공되었으나 현재에는 인터넷을 통해 전자적으로 제공되는 산물이므로 전자 전송물로 분류된다. 현재 이 전자 전송물에 대해서는 어떤 규범 체계에 의해 규율 해야 하는지, 혹은 새로운 규범 체계를 어떻게 설정해야 하는지 등에 관한 명확한 기준이 없다.

[41] 『각국의 컴퓨터프로그램저작권 관련법규(조약·협약) 번역 및 해설』. 프로그램심의조정위원회. 2002. pp.470-472.

널의 경우에는 도서관 상호 대차가 허용되지 않는 경우가 있
어서는 안 된다는 결론을 내릴 수 있다.

그러나 현재 전자저널에 대한 도서관 상호 대차가 인쇄 형
태의 경우와 마찬가지로 허용되는 사례는 드물다. 도서관 상
호 대차와 관련하여 시행될 수 있는 세 가지 유형은 다음과
같다.

첫째, 라이선스 된 전자저널에 대한 도서관 상호 대차는
불가한 경우,

둘째, 인쇄 형태의 경우와 마찬가지로 전자저널의 도서관
상호 대차도 허용하는 경우,

셋째, 전자저널의 도서관 상호 대차를 허용하되 제한적으
로 허용하는 경우. 즉 **Ariel**과 같은 보안 전송을 통해 파일이
타 도서관에 전송되면 일단 출력이 이루어진 후 해당 파일을
삭제하는 경우나, 타 도서관에 파일을 전송하는 대신에 기사
를 출력하여 수신 도서관에 인쇄 형태로 전달하는 경우에는
허용하는 경우이다.

Cox(2000)[42]에 따르면 약 **37%**의 출판사가 전자 파일을 출
력하여 인쇄 형태의 복제물로 도서관 상호 대차에 이용하는
것은 허용하고 있는 것으로 추정된다.

도서관의 입장에서는 도서관 상호 대차가 반드시 시행 가
능해야 한다. 매년 도서관 예산은 줄어들고 있는데 반해 전
자저널의 종수는 늘어나고 있는 현실을 감안할 때, 모든 도

---

[42] John Cox. "Scholarly Communication in the Third Millennium: Making
Sense of Economic Technological and Management Challenges",
Retrieved 02/07/2003 from <http://www.lib.mq.edu.au/conference/sustai-
nability/scholarly.html>.

서관이 모든 전자저널을 구독할 수는 없는 것이다. 따라서 각 대학도서관의 특성에 따라 협동장서개발의 측면에서 효율적인 전자저널 구독이 이루어져야 하며 '도서관 상호자원공유' 혹은 '도서관 상호 이용'을 통해 자관에서 구독하고 있지 않은 전자저널의 이용이 가능하도록 하여 교육과 연구를 위한 공정 이용이 디지털 시대에도 유지되어야 한다.

3) 아카이브 관련 계약 조건

라이선스 계약의 증가 추세는 디지털 정보가 상품이 아니라 서비스임을 보여준다. "(인쇄 형태의) 책인 경우에는 일단 한 번 구매하면 영원히 간직하실 수 있습니다. 디지털 형태의 책인 경우에는 접근비를 내셔야 합니다. 그리고 서비스 기간이 끝나면, 여러분에게는 아무 것도 남는 것이 없을 것입니다."[43] 이렇게 디지털 형태의 자료인 경우에는 자료에 접근하여 이용하는 권리만 부여 받게 되고 계약이 종료되면 아무 것도 가진 것이 없게 되므로 도서관의 근본적인 기능 중의 하나인 지식의 보존에 심각한 문제점을 안게 된다.

저작권법 제28조 1항 1호에 따르면 "도서관 등이 도서 등의 자체보존을 위하여 필요한 경우"에는 도서관 등에 보관된 도서 등을 사용하여 저작물을 복제할 수 있도록 규정되어 있다. 그러나 이는 도서관 등에 보관된 도서 등에 해당되는 경우로서 전자저널과 같이 도서관이 소유하고 있지 않은 자료에 대해서는 해당되지 않는다. 전자저널의 경우에는 "그 도서 등이 디지털 형태로 판매되고 있는 경우"에 해당되어 "그 도서

---

[43] 내셔널 리서치 카운슬 지음, 임원선 옮김. 『디지털 딜레마-정보화 시대의 지적재산권』. 서울: 도서출판 한울. 2001. p.37.

등을 디지털 형태로 복제할 수 없다”는 것이다. 이는 디지털 아카이브가 법적으로 허용되지 못함을 의미한다. 인쇄 형태로 복제하여 보존하고자 하는 경우에도 “그 발행일로부터 5년이 경과하지 아니한 경우에는 그러하지 아니하다”고 규정되어 있다.

그러나 3.2.3.에서 제시되는 바와 같이 실제 본 연구에서 조사 분석한 라이선스 사례에서는 대부분 인쇄 형태의 복제 및 보존에 대해서는 허락을 하고 있어 오히려 국내 저작권법에서 명시되는 전자자료에 대한 도서관의 이용 범위가 현행 라이선스 사례보다 더 제한적임을 알 수 있다. 앞서 본 연구의 필요성에서 제시한 바와 같이 라이선스 모델의 개발이 시작된 이유는 현행 저작권법에서 보장하는 도서관에서의 저작물 이용 권리가 계약이라는 비교적 새로운 현상을 통해 잘못 제한 받거나 침해 받지 않도록 하기 위한 것이었음에도 불구하고 국내의 경우에는 오히려 저작권법에 명시되어 있는 도서관의 저작물 이용 권리가 현행 라이선스 계약에서 규정되는 이용 권리보다 더 제한적이라는 것이다. 이것이 의미하는 바는 라이선스 계약이라는 비교적 새로운 현상에 대해 도서관은 새로운 도전으로 받아들이기보다 오히려 현행 저작권법에서 허용된 도서관에서의 면책 범위를 라이선스 계약을 통해 더욱 확대시킬 수도 있는 새로운 기회로 이용할 수 있다는 것이다.

Okerson(1996)[44]은 “잠재적인 지식 손실”이라는 표현으로 전자정보의 라이선스 계약에 따른 아카이브 문제점을 지적한 바 있다. 라이선스 계약에서는 도서관이 대금을 지불한 자료

---

[44] Ann Okerson. “Buy or Lease? Two Models for Scholarly Information at the End(or the Beginning) of an Era.” *Daedalus: Journal of the American Academy of Arts and Sciences*, vol. 125, no.4. 1996. pp.55-76.

를 소유하는 것이 아니라 일시적으로 이용하는 것일 뿐이다. 이 경우, 이용 기간이 끝나고 난 후 더 이상 그 정보를 볼 수 없다면 이전의 투자는 유명무실이 되는 것이다. Okerson은 또한 "안정성의 문제"라고도 표현을 하였지만 이 역시 궁극적으로는 아카이브의 문제이다. 현재 출판사들이 이용자들에게 접근을 제공해주는 전문 자료들은 아직 실험적인 수준의 것으로서 그 영속성 여부는 알 수가 없다는 것이다. 혹 라이선스 기간 만료 후에도 지속적으로 접근할 수 있는 권한이 주어진다 하더라도 향후 새로운 정보 기술이 등장하면서 기존의 파일 포맷이 더 이상 유용하지 못한 상태가 된다면 역시 동일한 아카이브 문제가 발생된다.

이러한 아카이브 문제를 해결하고자 Andrew W. Mellon Foundation은 전자저널 아카이빙 프로그램을 시행한 바 있다. 2000년 초에 Digital Library Federation(DLF)은 Council on Library and Information Resources(CLIR) 및 Coalition for Net-worked Information(CNI)과 더불어 디지털 아카이빙에 대한 실제적인 실험을 해보고자 사서, 출판사, 그리고 라이선스 전문가들과 각각 모임을 가진 뒤 전자저널 보존을 위한 최소한의 필요조건을 도출해내었다. 이러한 합의에 기반하여 재단은 이들 요구사항에 맞는 전자저널 보존 개발 계획에 참여하도록 연구도서관들을 종용한 바, 7개 주요 도서관이 재단으로부터 자금을 지원 받아 참여하게 되었다. 7개의 주요 도서관에는 뉴욕공공도서관과 6개의 대학도서관, 즉 코넬, 하버드, MIT, 펜실베니아, 스탠포드, 예일 대학도서관이 포함된다. 뉴욕공공도서관과 코넬대학도서관은 특정 학문 분야, 즉 뉴욕공공도서관은 공연예술 분야, 코넬대학도서관은 농학 분야의 저널을 대상으로 아카이브 해결책을 모색하였다. 하버드, 펜실베니아, 예일 대학 도서관은 개별 출판사와의 공조를 통해 아카이빙 문제를 해결하고자 하였다. MIT는 멀티미디어를 포함한 "dynamic" 전자저널을 대상으로 프로젝트를 추진하였고, 스탠포드는 특정 아카이빙 소프트웨어 도구 개발 쪽으로 프로젝트를 추진하였다.

현재 시행되고 있는 전자저널의 아카이브 주체는 크게 다음과 같이 세 가지 형태로 구분할 수 있다.

첫째는 출판사 주도형이다. 출판사 주도형의 예로 MUSE 프로젝트[45]가 있다. 존스 홉킨스 대학 출판부에서 발행하는 학술 저널의 전문을 제공하는 MUSE는 자체 데이터베이스 내에 모든 디지털 파일을 영원히 유지 보존하고자 하며, 인증된 이용자들은 직전 구독 연도에 온라인으로 출판된 모든 기사를 담고 있는 CD-ROM 및 마그네틱 테이프로 제공되는 파일 복제 아카이브에 무료로 접근할 수 있다. 전자저널 구독이 종료되어도 구독했던 기간에 온라인으로 출판된 지난 기사는 계속 보유할 수 있다. 이 프로젝트의 경우에는 전자저널의 구독료가 단지 전자저널을 이용하는 비용이 아니라 영구 접속 이용료의 개념이 되는 것이다.

핵심 전자저널의 기간호 컨텐츠를 디지털화 하여 원문으로 서비스하기 위한 데이터베이스 제공을 목적으로 하는 JSTOR 프로젝트[46]도 있다. 이 데이터베이스는 수록된 저널의 출판사로부터 저작권동의를 얻어 구독자에게 영구접속의 기회를 제공하고 있으며 구독을 중도에 해지할 경우에도 보존용 CD

---

[45] MUSE 프로젝트 홈페이지. Retrieved 07/05/2003 from <http://muse.jhu.edu>.

[46] JSTOR 프로젝트 홈페이지. Retrieved 07/05/2003 from <http://www.jstor.org/>.

를 제공함으로써 아카이브 문제를 보완하고자 노력하고 있다.

Blackwell이나 Highwire는 구독이 종료된 저널에 대해서도 접근을 허용하는 정책을 시행하고 있다. OCLC에서 제공하는 ECO(Electronic Collection Online)는 도서관의 전자저널 구독분 각각에 대해 인증을 통한 접속 시스템을 통해 과거에 구독했던 기간호도 언제든지 이용할 수 있도록 지원하고 있다.

둘째는 출판사나 도서관이 아닌 제3의 기관이 주체가 되는 형태이다. 영국의 JISC(Joint Information Systems Committee)는 CEDARS(CURL Exemplars in Digital Archives)라는 프로젝트를 통해 해결방안을 모색하고 있다. CEDARDS는 영국 Consortium of University Libraries(CURL)의 학술 커뮤니티를 위한 디지털 아카이브 프로젝트로서 디지털 정보를 위한 전략적 구조를 구축하고 장기적 보존에 적합한 방법론을 연구하였다. JISC가 운영하는 NESLI는 출판사나 도서관이 아닌 제3의 기관이 보존소로서의 역할을 해야 한다고 강조하고 있다.

셋째는 Networked European Deposit Library(NEDLIB)과 같이 도서관이 주도적인 역할을 하는 형태이다. NEDLIB는 네덜란드의 국립도서관이 진행하는 것으로서 유럽의 국립도서관들이 국립기록보존소 및 대규모 출판사들과 네트워크 인프라를 구축하여 아카이브 문제를 해결하고자 한다. 네덜란드 이외에 프랑스, 노르웨이, 핀란드, 독일, 포르투갈, 스위스, 이탈리아 등의 나라가 참여하고 있으며 출판사로는 Elsevier, Kluwer 등이 참여하고 있다.

한편 아카이브 조건을 살펴 보면 크게 세 가지로 구분할 수 있다.

첫째는 영구 라이선스의 형식으로서 지속적인 접근을 보장하

되 도서관에는 어떠한 백 데이터도 제공하지 않는 방식이며,

둘째는 **CD-ROM**이나 마그네틱 테이프와 같은 별개의 매체를 통해 복제본을 제공하는 방식,

셋째는 일정 기간 동안 일정 비용을 지불하면 백 데이터 이용을 허용해주는 방식이다.

결국 아카이브 문제 해결을 위해 필요한 전략은 세 가지로 요약될 수 있다.

첫째, 무엇을 보존할 것인가 하는 보존의 대상 문제, 둘째, 무엇을 보존할 것인가 하는 보존의 목적 문제, 셋째, 아카이브에 대한 책임은 누가 질 것인가 하는 보존의 책임 문제이다.

이러한 전략에 따라 라이선스 계약 시점에 디지털 자료의 보존을 위해 필요한 모든 조치를 취해야 한다. 전자저널 구독의 경우, 계약 기간이 만료된 후에도 기간호에 대한 접근이 영구적으로 가능하도록 하는 영구 접근을 라이선스상에 명시하는 경우가 있다. 하지만 영구 접근은 보존의 목적과는 다르다는 것에 유념하여야 한다. 정보제공자, 출판사, 여타 관계자가 지속적인 보존의 책임을 지겠다고 하는 경우, 물론 지금은 보장이 되겠지만 앞으로 해당 사업체가 사라질 수도 있기 때문이다.

이러한 점을 고려하여 각 도서관 사서들은 현재 진행되고 있는 아카이브 관련 동향에 주시할 뿐만 아니라 해결책 모색 과정에 적극적으로 참여하여 도서관이 보유하고 있던 아카이빙이라는 고유의 영역을 디지털 시대에도 동일하게 보유할 수 있도록 노력하는 것이 필요하다.

4) 사생활 보호 관련 계약 조건

라이선스를 통한 전자저널의 이용은 대부분 이용자들의 아이디 및 패스워드를 통한 인증을 거친 후 이루어진다. 이러한 인증을 위해 이용자들에 대한 개인적인 정보 수집이 이루어지는데 이들 정보의 보호 및 사생활 보호 문제가 중요한 논쟁점이 된다. 이용자들의 개인적인 신상 정보에는 대개 이름, 주소, 전자 우편 주소, 소속, 아이디, 패스워드가 포함되며 시스템에 따라서는 이보다 더 많은 정보를 요구하는 수도 있을 수 있다. 즉 사이트 이용을 추적하고 분석하기 위한 각종 통계 자료를 위해 이용자들의 여러 정보 이용 행태, 즉 이용자가 이용하는 브라우저의 종류, 그리고 이용자의 인터넷 서비스 제공자의 도메인이름, 주로 이용하는 정보의 유형, 정보 이용 시간, 정보 검색 행태 등에 대한 각종 정보가 당사자들은 알지도 못하는 사이에 수집되고 분석될 수 있다.

JSTOR는 이러한 문제에 대처하기 위해 사생활 보호정책을 실시하고 있다. 이에 따르면 JSTOR는 이용자의 개별적인 식별 가능한 정보를 수집하여 아카이브 이용을 위한 인증에 이용하며, JSTOR에 대한 이용자 질의에 답하고, 시스템 관리 및 문제 해결을 목적으로 JSTOR 사이트의 디자인을 향상시키고, JSTOR의 이용 조건을 위반하는 JSTOR 아카이브 이용에 대응하고, 사이트 이용을 추적하고 분석하는 데 이용하는 것으로 밝히고 있다. 단 이러한 이용자 정보에 대한 보안 유지를 위하여 이들 정보에 인증 없이 접근하는 것을 방지하기 위한 적절한 물리적, 전자적, 관리적 도구를 갖고 있지만 JSTOR로부터 혹은 JSTOR로 연결되는 웹사이트에 의해 혹은 이러한 웹사이트로부터 수집된 정보에 대해서는 여하한 책임

도 지지 않는다고 명시하고 있다. 또한 JSTOR는 법으로 요청을 받거나, 이용 조건 위반을 방지하거나 법적인 절차에 따르기 위해서나 혹은 JSTOR 아카이브에 공헌하는 자의 권리와 재산을 보호하기 위해 필요하다고 판단되는 경우에는 개인적 정보를 누설할 수도 있다고 명시하고 있다.

이용자 정보를 보호하기 위해서는 어떤 개인 정보가 수집될 것이며 이것이 어떻게 이용될 것인지 정확하게 검토해 보아야 한다. 2000년 3월로 발효된 영국에서의 데이터보호법에 따르면 데이터 보호 원칙은 다음과 같다.[47]

① 개인정보는 공정하고 합법적으로 처리되어야 한다.
② 특정한 목적을 위해서만 개인정보를 수집해야 한다.
③ 목적에 적절하고 관련이 있으며 목적의 범위를 넘어서지 않는 개인정보이어야 한다.
④ 개인정보는 정확하고 최신의 것이어야 한다.
⑤ 목적에 필요한 기간 이상으로 오래 개인정보를 보유하고 있으면 안 된다.
⑥ 법으로 명시된 해당 데이터의 권리에 일치되게 개인정보가 처리되어야 한다.
⑦ 적절한 기술적·조직적 방법을 통해 개인정보는 불법적인 이용이나 손실 등으로부터 보호되어야 한다.
⑧ 개인 정보 처리와 관련하여 데이터 주체의 권리와 자유를 보호하는 적절한 수준의 보호를 보장해주는 국가가 아니라면 유럽 경제 지역을 벗어나는 국가

---

[47] Data Protection Guidelines. Retrieved 07/02/2003 from <http://www2.warwick.ac.uk/academicoffice/search/dataprotection/>.

로 개인 정보를 전송할 수 없다.

이상에서 살펴본 바와 같이 저작권법이나 컴퓨터프로그램 보호법은 증가하고 있는 라이선스 계약을 위한 계약법적 측면의 법적 규율로서는 미흡한 실정이다. 물론 공정 이용이나 도서관 상호 대차, 아카이브, 사생활 보호와 관련한 저작권에 관한 법리가 법이론적으로는 이미 확립 되어 있다고는 하나, 디지털 정보거래에 있어 논의의 핵심은 저작권 거래를 통해서 이미 확립되어 있는 그러한 저작권법상의 법리가 유지될 수 있는가 이다.

라이선스 계약에 있어 가장 안전한 방법 중의 하나는 라이선스상의 여하한 조항도 현재 저작권법하에서 분명하게 허용되고 있는 권리를 제한하지 못함을 명백하게 밝히는 문구를 라이선스상에 포함시키는 것이다.

도서관은 정치, 경제, 사회, 문화적 빈곤 계층에게 정보접근 기회를 보장함으로써 정보와 편익이 정치적 기득권층이나 경제적 부유층에게 편중되어 발생하는 사회적 불평등 구조를 지양하고자 하는 '보편적 서비스의 이념'을 구현하는 곳이다. 저작권법의 목표 역시 저작권자에게 경제적 이익을 제공하는 것이 아니라 이를 수단으로 하여 더욱더 많은 지식이 사회적으로 축적될 수 있도록 하자는 것이다. 계약은 일반적으로 민법의 기본적 이념이라고 할 수 있는 사적자치의 기저이기 때문에 강행법규의 위반이 아니라면 어떤 방식으로든 계약은 유효하게 성립한다. 따라서 라이선스 계약을 통한 정보 거래에서도 사서들은 계약법과 저작권법에 대한 기본 지식을 배경으로 협상 기술의 향상을 통해 도서관에서의 이용권을 더욱 확장시키는 방향으로 계약 조건 및 내용을 이끌어 내는 것이 중요하다.

2.2 도서관 전자저널 라이선스 계약모델

이 절에서는 도서관 라이선스 계약모델이 출현했던 배경과 계약모델의 발전에 대해 고찰하고자 한다.

2.2.1 라이선스 계약모델의 출현 배경

대부분의 라이선스는 출판사측으로부터 제시되며 이들 라이선스는 법률가에 의해 작성된 것이다. 여기서 생겨나는 문제는 대부분의 사서들이 이러한 법률지식에 익숙하지 못하다는 것이며 협상에 대한 경험이나 지식이 부족하다는 것이다. 이런 협상 과정은 상당한 시간과 노력을 요하는 복잡한 과정이다. 많은 도서관들이 라이선스 체결을 하지만 어떤 라이선스를 어떤 조건으로 체결했는지에 대한 사례 정보도 거의 없다. 이렇게 라이선스에 대한 정보가 부족한 이유는 첫째, 라이선스 계약에서는 원래 그런 계약 조건을 공개하지 않는 경우가 대부분이며, 둘째, 도서관 분야에서의 라이선스 계약은 비교적 새로운 현상이기 때문이다.[48]

더욱이 라이선스 계약은 계약의 자유 원칙에 따라 다양한 조건으로 계약이 이루어질 수 있다. 계약의 자유란 계약당사자가 계약상 법률관계의 내용을 자유로이 정할 수 있다는 것

---

[48] Ann Okerson. "The LIBLICENCE Project and How it Grows." *D-Lib Magazine,* vol. 5, no.9. 1999.

이다. 계약의 자유가 의미하는 바는, 라이선시에 해당되는 도서관이 저작권이나 계약에 관한 기초적인 지식 혹은 협상 기술이 부족한 경우, 저작권법에서 보장해주는 권리까지도 포기하게 되는 불리한 계약을 체결하는 사태가 있을 수 있다는 것이다.

물론 이러한 계약의 다양함이나 복잡함이 도서관측에만 부담이 되는 것은 아니다. 계약당사자 양쪽 모두에게 부담이 아닐 수 없다. Cox(2000)는 바로 이런 이유로 해서 "계약 과정을 합리화하고 유사한 조항들, 소위 'boilerplate clauses'(상투적인 문구의 조항들)로 이루어진 여러 라이선스들을 통합시키는 것이 절실했다"[49]고 라이선스 계약모델 개발의 이유를 밝히고 있다.

라이선스 계약모델을 이용하게 되면 복잡한 라이선스 계약 과정을 단순화시킴으로써 협상 시간을 단축할 수 있고, 협상 과정이나 계약 체결 과정에 중요 조항을 누락시킴으로써 불이익을 당하는 시행착오도 감소시킬 수 있다. 법률가의 자문을 받은 라이선스 계약모델은 법적인 위험도 최소화 시켜준다. 또한 라이선스 계약모델에 포함되어 있는 용어 정의는 계약 당사자 간에 계약 내용에 대한 이해를 증진시켜 준다.

이러한 배경에서 1990년대 중반부터 전자저널 이용의 증가와 더불어 라이선스 계약 사례가 크게 증가하면서 라이선스 계약모델의 개발이 시작되었고, 도서관은 이들 라이선스 계

---

[49] John Cox. "Scholarly Communication in the Third Millennium: Making Sense of Economic Technological and Management Challenges", Retrieved 02/07/2003 from <http://www.lib.mq.edu.au/conference/sustainability/scholarly.html>.

약모델을 실제 라이선스 계약서로 사용하거나 라이선스 계약 혹은 협상 과정에서 대행사가 제시하는 라이선스 계약 조항과 비교하는 기초자료로 또는 자관의 특성에 맞는 라이선스 계약모델 개발의 기초자료로 이용하기 시작하였다.

2.2.2 라이선스 계약모델의 발전

1990년대 초에는 주로 라이선스 협상 및 계약을 위한 체크리스트 혹은 원칙에 대한 개발이 시작되었고 이후 온전한 형태의 라이선스 계약모델이 개발되기 시작하였다. 그 발전 과정을 살펴보면 다음과 같다.

1) CNI의 네트워크 정보에 대한 계약 및 라이선스 협상을 위한 초안

미국의 Coalition for Networked Information(CNI)은 Rights for Electronic Access to and Delivery of Information(READI) 프로젝트에 따라 네트워크 정보에 대한 계약 및 라이선스 협상을 위한 초안(Draft for Negotiating Networked Information Contracts and Licenses)을 1994년에 개발하였다.[50] 이 프로젝트는 1991년 가을에 발표되었는데, 이 프로젝트를 진행하던 중 1992년 여름에 전자 환경에서 정보의 흐름을 원활하게 하기 위해서는 저작물의 저작권자와 이용자 간에 라이선스라든가 여타 합의 형식의 계약법이 어떻게 저작권법에 적용될 수 있을 지에 대한 관심이 집중되었고, 그 결과 1994년 3월에 READI의 다음

---

[50] CNI의 READI 프로젝트. Retrieved 07/21/2003 from <http://www. cni.org/projects/READI/guide/>.

단계로 이에 대한 연구가 진행되어 이 초안이 공개되었다. 엄밀한 의미에서는 이를 라이선스 계약모델이라고 할 수 없지만 라이선스 계약모델과 매우 유사한 구조를 갖고 있다. 전자 환경에서의 계약 내용과 관련하여 문단별로 분석을 해주고 있다. '구매자'와 '판매자'의 관점에서 당사자 쌍방에게 이익이 되는 조항과 위해한 조항들을 평가하고 있어 계약 체결 과정에 유용한 지침이 될 수 있다.

2) ALA의 전자자원에 대한 라이선스 계약 원칙

1997년에 미국도서관협회는 전자자원에 대한 라이선스 계약 원칙(Principles for Licensing Electronic Resources)51)을 공개하였다. 이는 일종의 원시적인 수준의 라이선스 계약모델, 혹은 평가용 체크리스트라고 할 수 있다.

전자정보자원제공자들이 저작물 이용을 통제하는 법적 수단으로 라이선스를 채택하면서, 전통적인 인쇄물 형태의 저작물에 대한 소유가 라이선스를 통한 접근으로 대체되어 가고 있는데, 이러한 환경 변화에 사서들이 효율적으로 대처할 수 있는 지침을 제공하고자 하는 취지에서 개발이 되었다. 미국도서관협회 외에도 미국법률도서관협회(American Association of Law Libraries), 학술보건과학도서관협회(Association of Academic Health Sciences Libraries), 연구도서관협회(Association of Research Libraries), 의학도서관협회(Medical Library Association), 그리고 전문도서관협회(Special Libraries Association)의 6개 기관이 개발에 참여하였다.

---

51) ALA. "Principles for Licensing Electronic Resources". Final Draft, 1997. <http://www.arl.org/scomm/licensing/principles.html> (06/03/2003)

62

궁극적으로는 사서에게 전자 자원으로의 접근을 위한 라이선스 계약을 위한 협상을 진행하는 데 있어 지침을 제공하고, 그런 협상 과정에서 전자정보자원제공자들이 도서관측에서 중요하게 여기는 문제들이 무엇인지에 대해 이해할 수 있도록 도움을 주고자 하는 데 있다.

3) Liblicense 라이선스

예일대학도서관은 LIBLICENSE 프로젝트를 통해 전자자료의 라이선스 계약에 대한 유용한 자원들을 제공하고 있다. 1996년에 Council on Library and Information Resources(CLIR)의 자금 지원을 받아 이 프로젝트를 시작하였고 1997년 가을에 웹에 사이트를 개설하였다. 1990년대 중반부터 전자자료의 이용을 위한 라이선스 계약이 늘어나면서 대학도서관이 효과적으로 계약을 체결할 수 있도록 도움을 줄 수 있는 WWW 도구를 개발하고자 하는 것이 목적이었다.[52]

현재 이 사이트에서는 라이선스 계약과 관련한 용어 및 정의, 라이선싱 관련 논문들의 서지사항, 라이선스 계약 관련 웹 사이트로의 링크, 그리고 LIBLICENSE 소프트웨어가 제공되고 있다. 이 소프트웨어는 무료로 다운 받아 이용가능 한 것으로, 사서들이 직접 라이선스 계약서를 작성할 수 있도록 라이선스 항목별로 각 도서관이 원하는 조건을 선택해가면서 라이선스를 완성해 가도록 되어 있다. 모두 26개에 달하는 각 항목별로 세부적인 선택항목이 제시되거나 직접 입력할 수 있도록 구성되어 있고 각 단계에 도움을 줄 수 있는 지침

---

[52] Ann Okerson. "The LIBLICENCE Project and How it Grows." *D-Lib Magazine*, vol. 5, no.9. 1999.

과 예문들이 제공되어 작성자의 이해를 도와준다.

4) ICOLC의 전자정보의 수서 및 구매를 위한 시행 성명서

International Coalition of Library Consortia(ICOLC)는 북미, 유럽, 오스트레일리아, 아시아, 아프리카에 있는 160개 도서관 컨소시엄으로 구성된 국제적인 비공식그룹으로서 1996년에 시작되었다. 1년에 두 번의 모임을 통해 전자정보 자원, 출판사 및 벤더의 가격 시행, 그 외 주요 사항에 대해 회원들에게 정보를 알려주고 있다. 1998년에 전자정보 수서 및 구매를 위한 성명서(Statement of Current Perspective and Preferred Practices for the Selection and Purchase of Electronic Information)[53]를 공개하였다.

이 성명서는 전자정보 환경의 현재와 미래의 논의점들을 밝히고 있다. 도서관 예산은 일정한데도 불구하고 도서관 이용자들의 기대치는 높아가는 문제, 공정 이용, 정보 아카이빙, 가격 정책 등의 문제에 대해 현재의 문제점을 밝히고 앞으로 행해야 할 일을 제시하고 있다. 전자정보 이용에 대한 라이선스 계약이 늘어나고, 출판사에서 제시되는 계약 내용은 서로 다르고, 저널 구독료의 끊임없는 상승, 독립적인 학술정보제공자의 감소 등이 본 성명서를 공개하게 만든 원인이라고 밝히고 있다.

5) PA/JICS의 전자 형태로 제공되는 자료를 위한 구조틀

1993년에 Publishers Association/Joint Information Systems Com-

---

[53] ICOLC. "Statement of Current Perspective and Preferred Practices for the Selection and Purchase of Electronic Information", 1998. Retrieved 06/03/2003 from <http://www.library.yale.edu/consortia/statement.html>.

mittee(PA/JICS)는 라이선스 계약모델을 발행했는데 이는 전자적인 형태로 제공되는 자료를 위한 구조틀(Framework for Material Supplied in Electronic Form)[54]로서 1999년에 개발된 Model National Electronic Site Licenses Initiative(NESLI) Site License의 기초자료로 이용되었다. 이 두 라이선스는 영국 전역에서의 고등교육기관에 대한 라이선스 협상을 지원해주기 위해 개발된 것이다.

6) CIC의 표준화된 계약 언어

Committee on Institutional Co-operation(CIC)은 미국 내 주요 12개 대학의 컨소시엄으로서 표준화된 계약 언어(Statement on standardized agreement Language)를 개발하였다. 이 역시 완전한 라이선스 계약모델이라기보다 협상을 진행하는 사람들을 위한 일종의 체크리스트라 할 수 있다. 2000년 3월과 2002년 2월에 갱신이 이루어져 현재는 Standardized Agreement Language[55]로 명명되어 있다. CIC 회원과 계약을 체결하는 대행사들은 최종 합의서 혹은 계약서상에 이 Standardized Agreement Language에 제시된 조항들을 포함하도록 되어 있다.

7) John Cox Associates의 Cox 라이선스

EBSCO, Harrassowitz, Rowecom, Swets Blackwell을 포함하는 몇몇 벤더들의 지원하에 뉴-오를레앙에서의 American Library

---

[54] Framework for Material Supplied in Electronic Form. Retrieved 06/03/ 2003 from <http://www.library.yale.edu/~llicense/Pajisc21.html>.

[55] Standardized Agreement Language. Retrieved 06/03/2003 from <http:// www.cic.uiuc.edu/programs/CLIConsortialAgreementProgram/archive/Best Practice/StandardizedAgreementLanguage.pdf>.

Association(ALA) 모임에서 개발된 라이선스이다. 초안 작성의 자문 역할은 라이선스 계약과 컨텐츠 관리가 전문인 국제적인 출판자문회사 **John Cox & Associates**가 맡았다. 1999년 8월에 웹상에 처음 등장하였고 이후 개정판이 2000년 5월에 올려졌다.

이 라이선스는 PA/JISC의 라이선스와 ALA의 전자자원에 대한 라이선스 계약 원칙, ICOLC의 전자정보 수서 및 구매를 위한 성명서, 그리고 LIBLICENSE의 라이선스를 기초자료로 하여 만들어졌다.

네 가지 도서관 유형에 따라 네 개의 서로 다른 라이선스 계약모델이 제시되어 있다. 첫째는 단일 대학도서관을 위한 것이고 둘째는 대학도서관 컨소시엄, 셋째는 공공도서관, 넷째는 기업의 도서관 및 전문도서관을 위한 것이다.

이 라이선스는 다소 도서관측에 유리한 라이선스라는 평을 받고 있지만, 조항들을 보면 책임 소재나 배상에 관한 부분이 도서관측에만 초점 맞추어져 있어 개선이 필요한 부분들이 있다.

8) JSTOR 라이선스

JSTOR[56]는 2002년 말 기준으로 250여 핵심 학술 저널에 대한 완전한 백업파일을 보유하고 전자자료 형태로 제공하는 비영리 기관으로 이들 전자자료에 대한 이용을 놓고 도서관과 라이선스[57] 계약을 체결하고 있다. JSTOR은 도서관과 이

---

[56] JSTOR 홈페이지. Retrieved 06/03/2003 from <http://www.jstor.org/>.
[57] JSTOR 라이선스. Retrieved 03/06/2003 from <www.jstor.org/about/ license. html>.

용자에게 봉사하기 위해 생겨난 기관이지만 2000년도에 개발된 이곳 라이선스 계약은 그다지 도서관측에 유리하다고 할 수는 없다. 예를 들면 인쇄물 형태의 복제물은 도서관 상호대차에 이용될 수 있으나 이를 전자우편으로 전송하는 것은 허용되지 않는다는 조항 등이다.

9) CNSLP의 라이선스 계약모델

CNSLP(Canadian National Site Licensing Project)는 캐나다의 64개 대학으로 이루어진 컨소시엄, Canada Foundation for Innovation(CFI), 그리고 캐나다 지방정부의 자금 지원을 받아 이루어진 5,000만 캐나다 달러의 3개년 프로젝트이다. 궁극적으로는 학술 연구 역량을 강화시키기 위한 것이다. CNSLP의 목적은 캐나다 학술 연구자들이 이용할 수 있는 학술 출판물, 특히 과학, 기술, 의학 분야의 학술 출판물의 양과 폭과 깊이를 높이고, 전자 출판 형태의 비중을 높이며, 국제적인 학술 출판 시장에서의 캐나다 대학의 구매력과 영향력에 영향을 미치고자 하는 것이다. 이는 캐나다 대학도서관이 전자저널과 학술 데이터베이스 이용을 위해 계약하는 라이선스58)를 통해 이루어지고 있다.

그 과정을 살펴보면, 1990년대에 도서관 전반에 걸쳐 예산 삭감이 이루진 반면 저널의 가격은 지속적으로 상승하면서 도서관 상호 이용과 통합목록을 위해 탄생된 컨소시엄이 전자저널 라이선스 협상이라는 새로운 역할을 부여 받게 되었고 이에 따라 CNSLP는 오타와대학이 주관이 되어 42개 벤

---

58) CNSLP 라이선스. Retrieved 06/03/2003 from <www.cnslp.ca/pr/achievements/CNSLP-License-12Feb01.doc>.

더에 대한 제품 평가 및 협상을 거쳐 이 중 7개 벤더와 3년 계약에 합의하게 되었다. 당시 벤더 제품 평가 기준이 되었던 것은 접근권, 아카이브 및 보존, 이용자 인증, 인증된 이용, 저작권 및 지적재산권, 접근성 등의 기능성, 라이선스 강화 방식, 가격 정책, 사생활 보호 및 기밀 유지, 제3자 이용조항, 벤더의 부당 행위에 대한 구제, 통계 데이터/보고서, 해지권 등이다. 이들 7개 벤더는 개별적인 수정 사항을 첨부하여 CNSLP 라이선스 계약모델에 서명을 하였다.[59]

2000년 5월에 전자자원 라이선스 계약을 위한 원칙(Principles for Licensing Electronic Resources)을 인가하였는데, 이 원칙들은 주로 컨소시엄의 가격책정과 관련한 정책을 주된 관심사로 하고 있다. 라이선스 계약모델에 대한 최종 수정안은 2001년 2월에 이루어졌다.

10) NESLi2 라이선스 계약모델

NESLi2 Model Licence for Journals[60]는 JISC 저널 계약을 위한 출판사와의 협상에서 JISC 직원이나 에이전트에 의해 이용되는 라이선스 계약모델이다. NESLI는 국가 주도적으로 전자저널의 공동구매를 최초로 시도였다. NESLi2 라이선스는 NESLI 계약을 위한 출판사와의 협상에서 NESLI Managing Agent에 의해 이용되는 Model NESLI Site Licence에 기초하고

---

[59] Turner, Rollo. "Agents, Intermediaries, and Journal Licensing." *Journal of the Medical Library Association.* Vol. 90, no.1, 2000. pp.101-104. Retrieved 10/02/2003 from <http://www.pubmedentral.nih.gov/article-render.fcgi?artid=64766>.

[60] NESLi2 Licence for Journals. Retrieved 09/27/2003 from <http://www.NESLi2.ac.uk/NESLi2_lic_010903.htm>.

있고, Model NESLI Site Licence는 다시 PA/JISC Draft Model Licence에 기초하고 있다.

이 라이선스는 1999년에 NESLI Managing Agent의 이용을 위해 JISC's NESLI Steering Group에 의해 인정이 되었다. 이후 1999년 9월에 실제적인 절차들을 몇 가지 반영시키고, 일부 표현들을 다듬고, 일부 논쟁점들은 더욱 명확히 하는 수정이 가해졌다. 2001년 3월에는 NESLI Steering Group에 의해 또 한 번의 변경이 필요하다는 결정이 있은 후, 2001년 7월에 변경이 이루어졌다. 이러한 변경은 개별 기관들에 의한 아카이빙뿐만 아니라 합동 아카이빙도 허용하기 위한 것이었다. JISC Model License for Journals는 2002년 9월에 정식으로 인정되었다. 이후 컨텐츠의 완전성 제한 등의 몇 가지 변경을 통해 Model NESLi2 Licence for Journals가 제시되었다.

이상에서 살펴본 바와 같이 1990년대 들어 전자자료의 이용이 증가하기 시작하면서 라이선스 계약이 늘어나기 시작하였고 라이선스 계약의 중요성이 부각되기 시작하면서 사서들이 이러한 환경 변화에 효율적으로 대처할 수 있도록 라이선스 협상을 위한 지침, 체크리스트 혹은 원칙들에 대한 연구가 시작되었다. 1990년대 중반부터는 복잡하고 많은 시간과 노력을 요하는 라이선스 계약 과정에 효과적으로 대처하기 위한 라이선스 계약모델들이 개발되기 시작하였다.

3. 도서관의 전자저널 라이선스 계약모델의 비교 분석

이 장에서는 라이선스 계약모델 개발을 위한 기본구조 및 계약조항을 설정하기 위해 국내외의 대표적인 라이선스 계약모델의 기본구조 및 계약조항을 분석하고자 한다.

본 연구는 국외의 계약모델 가운데서 다음의 특성상 대표성이 뚜렷한 5개의 계약모델을 대상으로 비교 분석을 하였다.

1) 단일대학도서관이 라이선시인 경우를 대표하는 예일대학도서관의 Liblicense 라이선스.
2) 대형 벤더들이 공동으로 개발한 대표적인 라이선스인 Cox 라이선스.
3) 비영리기관이 라이선서의 입장에서 제시하는 JSTOR 라이선스.
4) 대학 컨소시엄이 라이선시 입장을 대표하는 CNSLP 라이선스.
5) 출판사가 제시하는 라이선스인 NESLi2 라이선스.

한편 국내의 경우에는 라이선스 계약모델로 개발된 사례가 없으나 실제로 계약을 수행하고 있는 한국교육학술정보원(이하 KERIS)의 계약일반조건 및 앞서 선행연구에서 제시되었던 김기태(2001)[61]의 e-book을 위한 표준 라이선스를 대상으

---

[61] 김기태. 『저작물의 새로운 이용형태에 관한 표준계약서 계약모델 연구』, 한국전자책컨소시엄. 2001.

로 분석하였다. 이 두 사례는 각각 전자저널과 e-book을 대상으로 하고 있어 차이는 있으나 전자저널과 e-book은 공히 전자 자원이라는 점, 두 사례 모두 이용허락을 구하는 라이선스라는 점에서 동질성이 있다는 판단하에 비교·분석을 하였다.

3.1 기본구조의 비교 분석

3.1.1 국외 라이선스 계약모델의 기본구조

1) LIBLICENSE 라이선스

기본구조는 다음의 <표 2>와 같다. 계약일자, 계약당사자, 설명조항 뒤를 이어 25개 조항이 명시되어 있고 서명란이 가장 뒤에 위치하고 있다. LIBLICENSE 라이선스의 경우에는 용어 정의가 별도의 문서로 제시되는데 여기에는 모두 72개의 용어가 정의되어 있다.

<표 2> **LIBLICENSE** 라이선스 기본구조

계약일자 및
계약당사자
설명조항

I.   라이선스 자료의 컨텐츠; 라이선스 허용
II.   라이선시에게 라이선스 자료를 배달/접근
III.   대금
IV.   라이선스 자료의 인증된 이용
V.   인증된 이용자에 의한 접근 및 인증
VI.   라이선스 자료 이용에 대한 특정 제한
VII.   라이선서 이행의무
VIII.   라이선시 이행의무
IX.   쌍방의 이행 의무
X.   기간
XI.   갱신
XII.   조기 해지
XIII.   영구 라이선스
XIV.   보증
XV.   보증 제한
XVI.   면책
XVII.   양도
XVIII. 재판관할권 및 준거법
XIX.   분쟁 해결
XX.   불가항력
XXI.   완전 합의
XXII.   수정
XXIII. 일부 무효원칙
XXIV. 비포기 원칙
XXV.   통지

서   명

2) Cox 라이선스

기본구조는 다음의 <표 3>과 같다.

<표 3> Cox 라이선스 기본구조

계약일자
계약당사자
설명조항

1. 주요 정의
   에이전트
   인증된 이용자
   상업적 이용
   강의용 편집교재
   전자적 보존
   지불 금액
   도서관 구내
   출판사측 대리인
   라이선스 자료
   보안 네트워크
   서버
   구독기간
2. 합의 내용
3. 이용권
4. 타 도서관으로의 복제본 제공
5. 강의용 편집 교재와 전자적 보존
6. 금지된 이용
7. 출판사의 이행의무
8. 라이선시의 이행의무
9. 쌍방의 이행의무
10. 기간 및 해지

11. 일반 원칙
    양도
    통지
    불가항력
    재판관할권 및 준거법
12. 분쟁 해결

별표 1: 라이선스 자료 및 접근 방법
별표 2: 도서관 구내
별표 3: 라이선시의 저작권 강화 정책
서 명

상기 <표 3>에서 보는 바와 같이 계약일자, 계약당사자, 설명조항을 제외하면 12개 조항과 3개의 별표로 구성되어 있으며 서명란이 가장 뒤에 위치하고 있다.

3) **JSTOR** 라이선스

기본구조는 다음의 <표 4>와 같다.

<표 4> **JSTOR** 라이선스 기본구조

<table>
<tr><td>

계약일자
계약당사자
라이선시 여타
JSTOR 분류 정보
캠퍼스 IP 주소 정보
증인
설명조항

1. 정의
    인증된 이용자
    데이터베이스
    도서관
    자료
    파생물
    지적재산권
    이용자 규칙
2. 데이터베이스의 컨텐츠: 라이선스 부여
3. 데이터베이스 이용
4. 배달; 지원
5. 대금
6. 내용 및 조건
7. 재산권
8. 보증
9. 통지
10. 그 외

별표A: 지불내용
별표B: 지원
별표C: 하드웨어 및 소프트웨어 요구사항
별표D: 국제 사이트
서　명

</td></tr>
</table>

상기 <표 4>에서 보는 바와 같이 계약일자, 계약당사자, 설명조항 이외에도 라이선시에 대한 여타 정보, **JSTOR**의 분류 원칙에 따른 라이선시의 분류, 캠퍼스 **IP** 주소 정보, 증인에 대한 내용이 앞부분에 명시되어 있으며 그 뒤로 10개 조항과 4개의 별표가 제시되어 있고 가장 뒤에는 서명란이 위치하고 있다.

4) CNSLP/PCLSN 라이선스

기본구조는 다음의 <표 5>와 같다. 계약일자, 계약당사자, 설명조항 뒤를 이어 13개 조항과 5개의 별표가 제시되어 있으며 가장 뒤에 서명란이 위치하고 있다.

<표 5> CNSLP/PCLSN 라이선스 기본구조

계약일자
계약당사자
설명조항

1. 정   의
   에이전트
   인증된 이용자
   상업적 이용
   강의용 편집교재
   데이터베이스
   전자적 보존
   지불 금액
   구내
   라이선스 자료
   보안 네트워크
   서버
   방문 이용자
   라이선스소프트웨어
   회원
   지불 일정
   출판사측 대표
   이용자 데이터
2. 라이선스 허용
3. 이용권
4. 타 도서관으로의 복제본 제공
5. 강의용 편집 교재 및 전자 보존
6. 금지된 이용
7. 출판사의 보증, 면책 및 책임 제한
8. 출판사의 이행의무
9. 대금
10. 라이선시 이행
11. 쌍방의 이행
12. 기간 및 해지

13. 일반 원칙
  분쟁 해결
  변경
  양도
  통지
  불가항력
  일부 무효원칙
  비포기 원칙
  재판관할권 및 준거법

별표 1: 인증된 이용자
별표 2: 대금
별표 3: 라이선스 자료와 접근 방법
별표 4: 컨소시엄회원
별표 5: 회원들 IP주소/범위
서 명

5) NESLi2 라이선스

기본구조는 다음의 <표 6>과 같다. 역시 계약일자, 계약당사자, 설명조항이 앞부분에 제시되어 있으며 이후 7개 조항과 5개 별표, 그리고 서명란의 순서로 제시되어 있다.

<표 6> NESLi2 라이선스 기본구조

계약일자
계약당사자
설명조항

1. 주요 정의
   인증된 이용자
   상업적 이용
   지불 금액
   도서관 구내
   라이선스 자료
   보안 네트워크
   구독 기간
   방문 이용자
2. 합의내용
3. 허락된 이용
4. 금지된 이용
5. 이행 의무
   출판사
   라이선시
   공동
6. 해지
7. 일반 원칙
   양도
   통지
   불가항력
   재판관할권 및 준거법
   분쟁 해결

별표 1: 라이선스 자료
별표 2: 라이선시의 도서관 구내
별표 3: 라이선시의 저작권 강화 정책
별표 4: 이용 데이터
별표 5: 대금
서 명

상기 5개의 국외 라이선스 계약모델 사례들의 기본구조를 매핑하여 종합적으로 비교·분석한 결과는 다음의 <표 7>과 같다.

<표 7> 라이선스 계약모델의 기본구조 비교

LIBLICENSE 라이선스	Cox 라이선스	JSTOR 라이선스	CNSLP/PCLSN	NESLi2 라이선스
계약일자 및 계약당사자	계약일자 계약당사자	계약일자 계약당사자 라이선시 여타 정보 JSTOR 분류 캠퍼스 IP 주소 정보 증인	계약일자 계약당사자	계약일자 계약당사자
설명조항	설명조항	설명조항	설명조항	설명조항
※	1. 주요 정의	1. 정의	1. 정의	1. 주요 정의
I. 라이선스 자료의 컨텐츠; 라이선스 허용	2. 합의 내용	2. 데이터베이스의 컨텐츠: 라이선스 부여	2. 라이선스 허용	2. 합의내용
II. 라이선시에게 라이선스 자료를 배달/접근 IV. 라이선스 자료의 인증된 이용 V. 인증된 이용자에 의한 접근 및 인증	3. 이용권 4. 다른 도서관으로의 복제본 제공 5. 강의용 편집 교재와 전자적 보존	3. 데이터베이스 이용 4. 배달; 지원	3. 이용권 4. 타 도서관으로의 복제본 제공 5. 강의용 편집 교재 및 전자 보존	3. 허락된 이용

LIBLICENSE 라이선스	Cox 라이선스	JSTOR 라이선스	CNSLP/PCLSN	NESLi2 라이선스
VI. 라이선스 자료 이용에 대한 특정 제한	6. 금지된 이용		6. 금지된 이용	4. 금지된 이용
III. 대금	※※	5. 대금	9. 대금	
XIV. 보증 XV. 보증제한		8. . 보증	7. 출판사의 보증, 면책 및 책임 제한	
VII. 라이선서 이행의무 VIII. 라이선시 이행의무 IX. 쌍방의 이행 의무	7. 출판사의 이행 8. 라이선시의 이행 9. 쌍방의 이행		8. 출판사의 이행 9. 대금 10. 라이선시 이행 11. 쌍방의 이행	5. 이행 출판사 라이선시 공동
X. 기간 XI. 갱신 XII. 조기 해지	10. 기간 및 해지		12. 기간 및 해지	6. 해지
XIII. 영구 라이선스 XIV. 보증 XV. 보증 제한 XVI. 면책 XVII. 양도 XVIII. 재판관할권 및 준거법	11. 일반 원칙 양도 통지 불가항력 재판관할권 및 준거법 12. 분쟁 해결	6. 내용 및 조건 7. 재산권 8. 보증 9. 통지 10. 그 외	13. 일반 원칙 분쟁 해결 변경 양도 통지 불가항력 일부 무효원칙	7. 일반 원칙 양도 통지 불가항력 재판관할권 및 준거법 분쟁 해결

LIBLICENSE 라이선스	Cox 라이선스	JSTOR 라이선스	CNSLP/PCLSN	NESLi2 라이선스
XLX. 분쟁 해결 XX. 불가항력 XXI. 완전 합의 XXII. 수정 XXIII. 일부 무효원칙 XXIV. 비포기 원칙 XXV. 통지			비포기 원칙 재판관할권 및 준 거법	
	별표 1: 라이선스 자료 및 접근 방법 별표 2: 도서관 구내 별표 3: 라이선시의 저작권 강화 정책	별표A: 지불내용 별표B: 지원 별표C: 하드웨어 및 소프트웨어 요구사항 별표D: 국제 사이트	별표 1: 인증된 이용자 별표 2: 대금 별표 3: 라이선스 자료와 접근 방법 별표 4: 컨소시엄회원 별표 5: 회원들 IP주소/범위	별표 1: 라이선스 자료 별표 2: 라이선시의 도서관 구내 별표 3: 라이선시의 저작권 강화 정책 별표 4: 이용데이터 별표 5: 대금
	서 명	서 명	서 명	서 명

* LIBLICENSE 라이선스에는 용어 정의가 없으나 별도의 자료로서 모두 72개의 용어에 대한 정의를 제공하고 있다.

** 주요 정의 부문에서 대금에 대한 조항이 있으며 별표 1에서 대금이 명시되어 있다.

위의 <표 7>에서 나타난 각 라이선스 모델의 기본구조 가운데서 적어도 3개 이상 공통적으로 나타난 구성요소를 정리하면 다음의 <표 8>과 같다.

<표 8> 라이선스 계약모델 종합 기본구조

계약일자
계약당사자
설명조항
    ① 용어정의
    ② 합의내용
    ③ 허락된 이용
    ④ 금지된 이용
    ⑤ 대금 지불
    ⑥ 보증
    ⑦ 라이선시의 이행의무
    ⑧ 라이선서의 이행의무
    ⑨ 쌍방의 이행의무
    ⑩ 기간 및 해지
    ⑪ 일반 원칙
양도
통지
불가항력
재판관할권 및 준거법
분쟁 해결
서명
별표
라이선스 자료
접근 방법
도서관 구내

3.1.2 국내 라이선스 계약모델의 기본구조

국내의 경우 KERIS 라이선스와 e-book 라이선스의 분석 결과는 다음의 <표 9>와 같다.

<표 9> 국내 라이선스 사례의 기본구조 비교

KERIS 라이선스	e-book 라이선스
계약명	저작물명
계약금액	저작재산권자
계약보증금	전문
지체상금률	
계약기간	
기타사항	
전문	
서명	
제1조(총칙)	제1조(단순이용허락)
제2조(정의)	제2조(계약기간)
제3조(계약문서)	제3조(비용의 부담)
제4조(권리의무의 양도)	제4조(판매 방법 및 이용료 등)
제5조(계약보증금)	제5조(저작인격권의 존중)
제6조(계약보증금 처리)	제6조(계속 전송의 의무)
제7조(계약 이행상의 감독)	제7조(전송권 사용료)
제8조(납품 및 설치)	제8조(선급금 및 지불 방법)
제9조(지적재산권 및 특허)	제9조(불가항력)
제10조(보증)	제10조(분쟁 해결)
제11조(대가의 지급 및 서비스 시기)	제11조(저작권법 및 민법의 준용)
제12(지체상금)	서 명
제13조("을"의 책임 있는 사유로 인한 계약 해제 또는 해지)	

KERIS 라이선스	e-book 라이선스
제14조(“을”의 책임 있는 사유로 인한 서비스의 연장) 제15조(어구의 해석) 제16조(계약금액의 감액 또는 환수) 제17조(운영 지원) 혹은 (기술 및 서비스 지원) 제18조(합의 관할)	

위의 <표 9>에서 보는 바와 같이 KERIS의 계약서와 e-book 표준라이선스 간에는 구성 내용에 있어 다소 차이를 보이고 있다. KERIS 계약서의 경우에는 계약해지 및 운영 지원에 대한 조항이 포함되어 있고 e-book 표준라이선스의 경우에는 불가항력 및 분쟁 해결에 대한 조항이 포함되어 있다. 그러나 이러한 차이는 두 사례 간의 성격이 다르다는 점에 기인하는 것이 아니라 양쪽의 라이선스 모두 충분히 망라적인 계약 내용과 조건을 계약서상에 명시하고 있지 못하기 때문인 것으로 판단된다.

이들 국내 라이선스는 앞서 분석되었던 라이선스 계약모델과 비교할 때 상당한 차이를 보이고 있다. 라이선스 계약모델들은 실제적인 협상 및 계약 과정에서 지침으로 삼을 수 있을 정도로 구체적인 조항들을 명시하고 있으나 국내 라이선스 사례들은 매우 간략한 내용으로 이루어져 있다. 이들 간의 비교 내용은 다음의 <표 10>과 같다.

<표 10> 국내와 국외 라이선스 사례 간의 기본구조 비교

조 항	국내 라이선스 사례	라이선스 계약모델
용어정의	"갑", "을", "병"의 계약 당사자를 명시	계약 내용을 이해하는 데 필요한 용어 정의
계약보증금	포함	불포함
허락된 이용 금지된 이용	불포함	포함
분쟁 해결 절차	불포함	포함
접근 방법	불포함	포함

위의 <표 10>에서 보는 바와 같이 국내 계약의 경우에는 용어 정의 부분이 "갑", "을", "병"의 계약당사자에 대한 정의인 반면 국외 라이선스 계약모델은 살펴본 바와 같이 계약 내용 및 조건을 명확히 이해하는 데 필요한 용어들을 정의하고 있다.

국내 라이선스 사례의 경우에는 관례적으로 계약보증금 및 이의 처리에 대한 조항이 포함되어 있으나 국외 라이선스 계약모델에서는 이에 대한 조항이 포함되어 있지 않다. 계약보증금 및 지체상금에 대한 규정은 국내법의 특성에 따른 것으로 실제 도서관이 국외의 출판사와 영문 계약서를 직접 체결하는 경우에는 이렇게 국내법과 국제법의 차이에 따른 문제점이 발생할 여지가 있다.

또한 국제적으로 이루어지는 계약인 경우에는 합의관할 및 준거법을 어떻게 규정할지 역시 문제가 되는 부분이다. 국제계약에서 분쟁이 야기되었을 경우 아직 실효성 있는 국제법원이 존재하지 않기 때문에 이 분쟁을 해결하기 위해서는 특정 국가의 특정 법원에 의한 해결은 불가피하다.

그러나 국제분쟁을 해결함에 있어 각국 법원은 아무래도 자국민에게 유리한 입장에 서기 마련이고 또 외국에서의 소송수행에는 비용 등 많은 불편이 수반되기 때문에 거래 당사자는 가급적 자신이 원하는 곳에서 재판 받기를 원한다. 재판관할에 관한 당사자의 이해관계가 크지만 아직까지 재판관할과 관련하여 국제적으로 확립된 명확한 통일기준은 거의 없다. 이에 각국은 대부분 그들의 국내법으로 재판관할에 관한 관련 기준을 정하여 독자적으로 이를 적용하고 있다. 관례적으로 외국의 모든 출판사들은 자국법을 준거법으로 하며 자국의 법원을 재판관할법원으로 명시하고 있다.

분쟁 해결과 관련해서도 국내 라이선스 사례들은 "본 계약에 의해 발생되는 권리, 의무에 관한 소송에 대하여는 서울지방 법원을 합의관할로 한다"는 내용만이 명시되고 있으나 라이선스 계약모델의 경우에는 중재자 혹은 전문가에 의한 분쟁 해결 노력의 절차가 명시되어 있다. 본 연구에서 도서관 및 국내 대행사를 대상으로 실시한 설문지 조사 결과를 보면 분쟁의 사례가 있긴 하였으나 모두 쌍방 간의 합의에 의해 해결이 된 것으로 나타났다. 그러나 이러한 원만한 해결점을 찾지 못하는 경우에 대비하여 적어도 합의관할조항이나 중재조항, 또는 조정조항이라는 세 가지의 분쟁처리방안을 규정하여 이들 중 어느 하나를 선택하도록 규정하는 것이 필요하다.

무엇보다도 가장 중요한 차이를 보이는 부분은 허락된 이용 및 금지된 이용과 같은 이용권과 관련한 조항이다. 국내 라이선스 사례에서는 이들에 대한 내용이 전혀 명시되어 있지 않다. 이용자에 대한 정의도 제시되지 않고 있다. 이용의 범위, 즉 '도서관 구내'에 대한 정의도 제시되지 않고 있다. 이용허락을 구하는 계약에서 있어서는 이용의 방법 및 범위에 관한 규정이 가장 중요하다고 판단됨에도 불구하고 이에 대한 조항이 전혀 없고 이용자에 대한 정의도 구체적으로 제시되지 않고 있다는 것은 향후 분쟁 발생의 여지가 있는 부분이라고 판단된다.

따라서 현재 **KERIS**가 사용하는 계약 문서는 위의 분석 결과에 근거하여 더욱 보완될 필요가 있다고 판단된다.

3.2 조항의 비교 분석

이 절에서는 계약 당사자들 간의 이해 관계로 문제가 되고 있는 공정 이용, 도서관 상호 대차, 아카이브, 사생활 보호 등에 대해 각 라이선스 계약모델의 관련 조항들을 비교·분석하였다. 또한 도서관에 유리한 조항과 출판사에 유리한 조항들을 구분하여 계약 당사자들의 입장을 비교·분석하였다.

국내의 **KERIS** 계약서 및 김기태(2001)의 **e-book** 라이선스 계약에는 문제 조항들이 명시되어 있지 않으며 여타 분석 대상이 되는 조항도 거의 명시되어 있지 않은 관계로 않아 비교 분석 대상에서 제외하였다.

3.2.1 공정 이용 관련 조항

공정 이용은 일반 공중이 저작권자의 허락을 받지 않고 저작물을 자유로이 이용할 수 있는 것을 의미하므로 라이선스상에 명시된 이용자에 대한 정의, 그리고 허락된 이용 및 금지된 이용에 대한 규정을 통해 공정 이용을 분석할 수 있다. 공정 이용과 관련된 것 중 도서관 상호 이용 및 아카이브의 경우는 각각 3.2.2와 3.2.3에서 별도로 다루기로 하고 여기서는 조사·연구를 목적으로 하는 사적 이용, 그리고 점자에 의한 복제, 교육을 위한 강의용 편집교재를 중심으로 분석하였다.

각 라이선스 계약모델 사례들을 대상으로 공정 이용 관련 조항을 비교·분석해 보면 다음의 <표 11>과 같다. JSTOR 라이선스만이 다소 제한적인 공정 이용 관련 조항을 담고 있으나 이 외의 모든 라이선스는 공정 이용과 관련한 조항을 모두 명시하고 있다. 단 Cox 라이선스의 경우에는 계약 당사자 쌍방의 입장을 모두 고려한 조항을 나열하여 라이선시와 라이선서 간의 상호 합의에 따라 선택할 수 있도록 제시하고 있다.

<표 11> 라이선스 계약모델별 공정 이용 관련 조항 비교

조 항		LIBLICENSE	Cox	JSTOR	CNSLP/PCLSN	NESLi2
인증된 이용자에 방문 이용자 포함		O	O	O	O	O
인증된 이용에 라이선스 자료의 탐색, 보기 및 디스플레이, 사적 이용을 위한 복제본 한 부 인쇄 및 다운로드 포함.		O	O	O	O	O
다른 인증된 이용자에게 인쇄 형태나 전자적인 형태로 라이선스 자료의 개별 기사나 아이템의 복제본을 배포		O	O		O	O
라이선스 자료로의 통합적인 저자명, 기사명, 키워드 색인을 포함하는 접근 허용		O	O		O	O
내부적인 마케팅 혹은 테스팅, 인증된 이용자에 대한 교육을 목적으로 라이선스 자료를 디스플레이, 다운로드, 출력		교육과정과 관련되는 이용허락	O		O	O
인증된 이용자를 위한 강의용 편집 교재 허용	인쇄용 형태 가능	O	O*		O	O
	전자 형태 가능		O*			
	사전 서면 허락 필요		O*			
점자에 의한 복제 허용		O	강의용 편집교재에 한해		O	O
저작권법하에서의 권리 명시		O	O	O**	O	O

※ 인쇄용 형태 가능, 전자 형태 가능, 사전 서면 허락 필요 이렇게 세 가지 방식 중에 한 가지를 선택할 수 있다.

※※ 도서관 상호 대차 관련 조항 내에 저작권법을 따른다는 문구가 포함되어 있다.

각 관련 조항별 분석 내용은 다음과 같다.

1) 이용자의 범위

라이선스상에 나타나는 이용자에 대한 정의는 크게 다음의 <표 12>와 같이 구분된다.

<표 12> 라이선스 계약모델상에 나타나는 이용자에 대한 정의

용 어	정 의
기관의 회원	기관에 고용되거나 여타 인정이 되는 직원 및 그 기관의 학생으로서 보안 네트워크로의 접근이 허용되며 패스워드 혹은 여타 인증이 발행된 회원
등록된 방문 이용자	도서관 서비스의 허용 이용자로서 등록이 되었으며, 도서관 시설 내에 위치한 워크스테이션을 통해 보안 네트워크로의 접근이 허용되었으며, 아이디 및 패스워드 혹은 여타 인증을 부여 받은 공공 회원
미등록 방문 이용자	도서관 서비스의 이용자로 등록되지 않은 자로서 본 계약에 규정된 바에 따라 특정 목적을 위해 도서관 시설 내에 위치한 워크스테이션을 수단으로 하여 보안 네트워크로의 접근이 허용된 공 회원
등록된 원격 이용자	도서관 서비스의 허용된 이용자로서 등록된 공공 기관 혹은 개별 회원으로서 도서관 시설이 아닌 곳에서 보안 네트워크로의 접근이 허용된 이용자
사이트	도서관 구내 및 회원이 근무하고 연구하는 여타 그러한 장소를 의미한다.

그러나 대부분의 라이선스 계약모델에서는 이러한 세 분류를 하지 않고 크게 인증된 이용자와 방문 이용자로 나누어 정의하고 있다. 방문 이용자의 포함 여부가 공정 이용 허용

범위와 관련이 있다.

인증된 이용자에 대한 정의를 보면 대부분의 라이선스가 라이선시의 현재 직원(정식, 임시, 계약, 초빙) 및 라이선시 기관에서 현재 교육 받고 있는 개인들로서 (사무실, 가정, 거주 저택 및 학생 기숙사를 포함하는) 도서관 구내에서나 인증된 이용자가 근무하거나 교육 받는 여타 장소에서의 보안 네트워크 접근이 허용되어 패스워드나 여타 인증을 라이선시로부터 부여 받은 자로 규정하고 있다.

CNSLP/PCLSN의 경우에는 컨소시엄 계약인 관계로 인증된 이용자라 함은 각 회원과 회원의 (전임, 임시, 계약, 초빙) 교수진 및 현재 회원인 기관에서 공부를 하고 있는 개인을 포함하는 고용인으로서, 도서관 구내의 혹은 인증된 이용자가 근무하거나 공부하는 여타 장소에서의 보안 네트워크 접속이 허용된 자로서 회원에 의해 패스워드 혹은 여타 인증을 부여 받은 사람 및 별표에서 명시되어 있는 여타 다른 이용자로 규정하고 있다.

방문 이용자에 대해서는 도서관 구내의 컴퓨터 단말기를 통하는 경우에 한해, 라이선시의 도서관 서비스 혹은 정보 서비스를 이용하고 보안 네트워크에 접근할 수 있도록 허락된 여타 사람들로 규정하고 있다.

국내 현행 라이선스[62]의 경우에는 상당수의 국내 라이선스들이 인증된 이용자에 방문 이용자를 포함시키고 있다. 단, 라이선시의 허락을 얻어 라이선시의 도서관 내에 설치된 단

---

[62] 이 절에서의 국내 현행 라이선스란, 3.2장의 서두에서 밝힌 바와 같이, 국내 도서관 및 국가 라이선스 전담, 주관기관이 해외 출판사와 체결하는 영문 라이선스를 의미한다.

말기를 통해 학술적, 사적 이용을 목적으로 이용하는 경우에 한해 일반 공중의 라이선스 자료 이용을 허용하고 있다. 라이선시를 기관 유형별로 구분을 하고 있는 경우, "대학도서관, 의학도서관, 정부기관 도서관의 경우에는 구독 기관의 도서관에 위치한 단말기를 통해 구독 기관의 허락을 득한 일반 공중도 라이선스 자료에 접근할 수 있다"고 허용하고 있으나 "기업 도서관의 경우에는 이를 허용하지 않는다"고 명시하는 라이선스도 있다.

2) 인증된 이용의 범위

이용권과 관련한 규정을 보면 라이선시의 이용권과 인증된 이용자의 이용권을 구분하고 있다.

우선 라이선시의 이용권과 관련하여서는 인증된 이용자에게 라이선스 자료 및 여타 출판사로부터의 모든 유사한 라이선스 자료로의 통합적인 접근, 그리고 통합적인 저자명, 기사명, 초록, 및 키워드 색인을 제공하거나, 대행사가 제공할 수 있도록 해 줄 수 있도록 명시하고 있다. 라이선시는 단일 기사에 대한 단일 인쇄 복제본이나 전자적 복제본을 인증된 개별 이용자의 요청에 따라 제공할 수 있도록 규정하고 있으며 내부적인 마케팅 혹은 테스팅의 목적으로 혹은 인증된 이용자에 대한 교육을 목적으로 라이선스 자료를 디스플레이 하거나 다운로드, 출력할 수 있다고 명시하고 있다.

인증된 이용자의 이용권과 관련하여서는 라이선스 자료를 탐색하고 검색하며 디스플레이할 수 있으며 사적 이용을 위해 라이선스 자료의 개별 기사 혹은 아이템을 전자적으로 저장할 수 있고, 라이선스 자료의 일부에 대한 복제본을 한 부

인쇄할 수 있다고 규정하고 있다. 다른 인증 이용자에게 인쇄 형태나 전자적인 형태로 라이선스 자료의 개별 기사 혹은 아이템의 복제본을 한 부 배포할 수도 있다. **LIBLICENSE** 라이선스에서는 이를 "학술적 공유"라 하여 인증된 이용자는 재판매의 경우가 아닌 사적 이용 혹은 학술적, 교육적, 과학적, 전문적 이용을 위해 라이선스 자료의 최소한의 분량을 인쇄 형태 혹은 전자 형태로 제3자에게 전달 할 수 있다고 명시하고 있다.

국내 현행 라이선스의 경우 허락되는 이용의 범위를 보면, 대부분의 라이선스가 인증된 이용자가 학술적, 교육적, 사적 이용을 목적으로 라이선스 자료를 열람하고 디스플레이하고 다운로드 하고 출력하는 것을 허용하고 있다. 그러나 인증된 이용자에 의해 다른 인증된 이용자에게 인쇄 형태나 전자적인 형태로 라이선스 자료의 개별 기사나 아이템의 복제본을 배포할 수 있도록 허락하는 조항을 두고 있는 라이선스는 거의 없다.

라이선스 자료로의 통합적인 저자명, 기사명, 키워드 색인을 포함하는 접근 허락이나 내부적인 마케팅 혹은 테스팅, 인증된 이용자에 대한 교육을 목적으로 라이선스 자료를 디스플레이, 다운로드, 출력을 허락하는 조항도 거의 찾아볼 수 없으며 시각장애인을 위한 점자 자료의 제작을 허락하는 조항도 거의 없다.

3) 강의용 편집교재 허용

강의용 편집교재와 관련해서는 크게 두 가지 조항이 제시되고 있다.

첫째 선택 조항은 상업적 이용이 아닌 경우 라이선시 기관에서의 교육 과정에 있는 인증된 이용자의 이용을 위해 인쇄된 강의용 편집교재로 라이선스 자료의 일부를 통합할 수 있다는 것이다. 전자적 예비 형태도 가능하도록 하는 문구를 포함시킬 수 있도록 되어 있다. 단 이 경우에는 이러한 아이템의 복제본이 더 이상 그러한 목적으로 이용되지 않는 경우에는 라이선시에 의해 삭제되어야 한다고 규정하고 있다.

둘째 선택 조항은 사전에 서면 허락 없이 강의용 편집교재로 라이선스 자료의 전부 혹은 어느 일부를 통합할 수 없다고 되어 있으며 서면 허락에 경우에는 그런 이용에 대한 추가적인 내용 및 조건이 설정될 것으로 규정하고 있다.

국내 현행 라이선스의 경우 강의용 편집교재와 관련해서는 이를 허용하는 라이선스도 있으나 그 비율은 극히 적은 것으로 보인다. 강의용 편집교재를 허용하는 경우에도 "매 학기 종료와 더불어 반드시 강의용 편집교재를 삭제하고 라이선서의 요청에 따라 이를 서면으로 라이선서에게 확인"해주도록 명시되어 있기도 하다. 학점이 인정되지 않는 원격 교육 프로그램인 경우에는 라이선서로부터 별도의 허락을 청해야 하며 별도의 금액을 지불하도록 명시되어 있기도 하다. 향후 사이버 강의 혹은 원격 강의가 늘어날 것을 감안한다면 계약서상에 이에 대한 분명한 명시가 있어야 할 것이며, 인증된 이용자의 교내외 이용을 허락하는 이러한 사이버 강의 혹은 원격 강의에 대한 이용허락도 반드시 이루어져야 할 것이다.

4) 점자에 의한 복제
다음으로 점자에 의한 복제와 관련하여서는 라이선시의 합리적인 의견으로 시각 장애가 있는 것으로 여겨지는 인증된 이용자에게는 오디오나 점자 형태와 같은 비전자적인 비인쇄 형태로 강의용 편집교재를 제공할 수 있다고 규정하고 있다.

점자에 의한 복제와 같은 경우에는 국내 저작권법의 제30조에서도 허용되는 권리로서 시각장애인 등의 복리증진을 목적으로 하는 시설 중 대통령령이 정하는 시설(당해 시설의 장을 포함한다)은 영리를 목적으로 하지 아니하고 시각장애인 등의 이용에 제공하기 위하여 공표된 어문저작물을 시각장애인 등에게 전용 기록방식으로 복제·배포 또는 전송할 수 있도록 하고 있다.

5) 저작권법하에서의 권리 명시

Central and Eastern European Licensing Information Platform (1998)에서는 계약서상에 "본 라이선스는 적용 가능한 국가 저작권법하에서 도서관 및 그 이용자에게 허용된 여하한 법적 권리를 배제하거나 수정하거나 영향을 미칠 수 없다"와 같은 조항을 반드시 포함시키도록 권하고 있다.[63] 이러한 조항은 적어도 국가 저작권법에 의해 허용된 공정 이용과 같은 법적 권리가 라이선스에 의해 무시되는 일은 없도록 보장해 줄 수 있기 때문이다

저작권법과 관련해서는 각 라이선스가 각 관할 지역의 저작권법하에서의 라이선시 권리를 보완하고 확장하기 위한 것

---

[63] Emanuella Giavarra. "Licensing Digital Resources: How to Avoid the Legal Pitfalls." European Copyright User Platform. Pre-print. 1998. Retrieved 02/07/2003 from <http://www.eblida.org/ecup/docs/warning.html>.

으로 간주되며 해당 라이선스 내의 여하한 것도 동법하에서 혹은 여타 개정법하에서 라이선시에 의해 보유되는 법적 권리의 포기로 성립되어서는 안 된다는 내용을 명시하고 있다. 이는 저작권법으로 보장되는 공정 이용과 관련한 권리가 해당 라이선스에서 달리 규정되지 않는 한 그대로 보유됨을 의미한다.

국내 현행 라이선스의 경우 저작권법하에서의 권리나 공정 이용을 명시하는 라이선스는 그 비율이 극히 적다.

공정 이용과 관련되는 조항인 이용자의 범위, 인증된 이용의 범위, 강의용 편집교재 허용, 점자에 의한 복제, 저작권법하에서의 권리 명시 관련 조항에 대한 상기 국내외 라이선스 계약모델의 조항 비교·분석 결과에 따르면 현재 국내 도서관이 외국의 출판사 혹은 대행사와 체결하고 있는 라이선스 계약상에 나타나 있는 공정 이용 관련 조항은 국외 라이선스 계약모델 조항에 나타나 있는 공정 이용 수준보다는 상당히 축소되어 있는 것으로 분석되었다.

3.2.2 도서관 상호 대차 관련 조항

국내 저작권법의 경우에는 제28조에서 도서관 등이 도서 등을 도서관 간에 열람 목적으로 전송하거나 디지털 도서 등을 출력하는 경우에는 문화관광부장관이 정하여 고시하는 보상금을 지급하고 가능하도록 하고 있다.

그러나 대부분의 국외 라이선스 계약모델 사례에서는 이러한 도서관 상호 대차와 관련한 조항을 두고 있는데 여하한 형태로든 도서관 상호 이용을 가능하도록 명시하고 있다. 구체적인 조항 분석 내용은 다음의 <표 13>과 같다.

<표 13> 라이선스 계약모델별 도서관 상호 대차 관련 조항 비교

	조 항	LIBLICENSE	Cox	JSTOR	CNSLP/ PCLSN	NESLi2
	인쇄본 한 부		O**	O	O	O
허 용	보안 전송 후 출력 완료와 동시에 파일 삭제	O	O**	X	O	O
	전자적 송신		O**	X		
불 허			O**			

* 각 라이선스는 공히 사적 이용 및 비상업적 이용을 전제조건으로 하고 있다.
** 4가지 형태 중에서 하나 이상을 선택할 수 있도록 제시되어 있다.

LIBLICENSE 라이선스는 도서관 상호 대차는 허용한다고 명시되어 있으나 그 구체적인 방식에 대해서는 명시되어 있지 않다.

Cox 라이선스의 경우는 앞서 공정 이용의 경우에서와 마찬가지로 가장 중립적인 입장에서 모든 가능한 선택 사항을 제시하고 있음을 알 수 있다. 다른 도서관으로의 복제본 제공에 대한 규정 속에 다음과 같은 3가지 조항을 제시하여 선택할 수 있도록 하고 있다.

첫째는 "상업적 이용이 아닌 조사연구 혹은 사적 연구를 목적으로 하는 경우 라이선스 자료의 일부에 해당하는 개별 문헌의 전자 원본에 대한 인쇄 복제본을 우편이나 팩스를 통해 제공"할 수 있도록 규정하는 것이다. 혹 Ariel과 같은 서비스를 이용하는 경우 해당 전자 파일을 인쇄 후 즉시 삭제

시키는 조건하에 제공할 수 있도록 규정하는 것을 포함할 수도 있다.

둘째는 "상업적 이용이 아니라 조사연구 혹은 사적 이용을 목적으로 하는 경우 우편이나 팩스 혹은 인터넷이나 그 외의 것을 통한 전자적 송신을 통해 전자자료의 일부에 해당하는 개별 문서의 복제본 한 부를 다른 도서관의 인증된 이용자에게 제공할 수 있다"고 규정하는 것이다.

셋째는 "본 라이선스 내의 여하한 것도 저작권법 하의 라이선시 권리를 배제하거나 수정하거나 영향을 미치지 않을 것"이라고 명시하고 있는 3.3항의 규정에도 불구하고, "라이선시나 인증된 이용자 어느 쪽도 사적 연구나 그 외의 것을 위해 라이선스 자료의 일부에 대한 복제본을 또 다른 도서관 내 이용자에게 전자적인 수단을 통해 제공할 수 없음을 이해하고 합의한다"고 규정하는 것이다.

첫째 및 둘째 조항은 도서관 상호 대차를 가능하게 하는 것인데 첫째 조항은 인쇄 형태로만 제공하는 것이고 둘째 조항은 전자 형태의 제공도 허용하는 것이다. 반면에 셋째 조항은 도서관 상호 대차를 금지하는 것이다.

CNSLP/PCLSN 및 NESLi2 라이선스는 인쇄본 방식과 보안 전송 후 출력 완료 후 파일 삭제 방식은 허용하고 있으나 단순히 인터넷 등을 통한 전자적 송신에 대해서는 명시되어 있지 않다.

JSTOR 라이선스는 자료의 전자 복제본이 아닌 인쇄 자료만이 도서관 상호 이용에 이용될 수 있도록 하고 있어 역시 라이선서 측에 가장 유리한 라이선스임을 보여주고 있다.

Cox 라이선스의 경우, 도서관 상호 대차에 대한 불허 조항을 제시하고는 있으나 실제로 불허 조항을 택하는 사례가 얼마나 있는지는 알 수 없으며, 여타 라이선스의 경우를 보면 도서관 상호 대차를 완전히 불허하는 라이선스는 없는 것으로 나타나 있다.

현행 국내 라이선스 사례의 경우에는 대부분의 라이선스에서 "비상업적인 학술적 목적을 위한 경우, 요청에 따라 저널 기사를 출력한 후 우편이나 팩스를 통해 요청 도서관에 배포할 수 있다"는 조항을 두고 있다. 그러나 전자적인 송신은 금하고 있다.

어느 한 라이선스상에는 전자적인 송신이 가능하기는 하지만 이러한 이용이 가능하다는 것을 도서관이 홍보해서는 안 된다는 조건을 명시해두고 있다. 이 경우 "홍보" 행위가 어떤 행위를 의미하는 것인지 구체적인 정의가 내려 있지 않은바, 상당한 논란이 생길 수 있는 조항으로 판단된다. 또한 이는 도서관에서의 대이용자 봉사 기능을 매우 소극적인 수준으로 끌어내리는 조항이기도 하다. 도서관은 좀 더 많은 이용자가 좀 더 효율적으로 정보 이용을 할 수 있도록 봉사해줄 의무가 있으며 이런 의무를 효율적으로 수행할 수 있는 방법이 있음에도 불구하고, 이를 "홍보"하지 못한다는 제한을 둠으로써 요청이 있을 시에만 어쩔 수 없이 응하는 소극적인 봉사를 하도록 명시하는 것이다.

따라서 이러한 조항은 좀 더 명확한 용어 정의와 더불어 수정되어질 필요가 있으며 이러한 수정은 도서관 상호 대차가 좀 더 확대될 수 있는 방향으로 수정되어야 할 것이다.

3.2.3 아카이브 관련 조항

아카이브/백업 자료와 관련된 각 라이선스 사례별 조항을
분석하면 다음의 <표 14>와 같다.

<표 14> 라이선스 계약모델별 아카이브 관련 조항 비교

조 항	LIBLICENSE	Cox	JSTOR	CNSLP/PCLSN	NESLi2
라이선시가 백업 복제본 보존	O	O	O[*]		O[**]
라이선서 혹은 라이선서가 지정하는 제3자가 디지털 아카이브	O	O[***]			O
라이선시가 디지털 아카이브	O	O			O
무료로 제공되는 중앙 아카이브					O

※ 이미지 파일의 CD-ROM 세트 혹은 이에 준하는 것으로 제공한다고
명시되어 있다.
※※ 선택 조항으로 제시되어 있다.
※※※ 이 조항은 선택 조항으로 제시되어 있다.

CNSLP/PCLSN 라이선스를 제외한 모든 라이선스가 여하한
형태로든 아카이브/백업 자료와 관련한 조항을 두고 있다. 그
중에서도 LIBLICENSE가 가장 폭 넓게 아카이브를 허용하는
것으로 나타나 있다.

LIBLICENSE의 경우에는 제Ⅳ조의 라이선스 자료의 인증
된 이용에서 보면 아카이브용/백업 복제를 허용하고 있다.

"라이선시의 요청에 따라 라이선시는 본 계약 기간 동안의 백업 혹은 아카이브용 복제로서, 혹은 본 계약의 제Ⅷ조 영구 라이선스하에서의 라이선시 권리 행사에 필요한 바에 따라, 보존되어야 할 라이선스 자료 전체에 대한 복제본 한 부를 라이선서로부터 받거나 만들거나 할 수 있다"고 규정되어 있다.

제XIII조 영구 라이선스 조항에서는 특별한 이유로 인해 라이선스를 해지 한 경우 이외에는 "본 합의 기간 동안에 접근 가능하도록 하였던 라이선스 자료에 대해 라이선서는 로열티가 없는 비배타적인 영구 라이선스를 라이선시에게 허용"하도록 규정하고 있다. 이 경우의 이용은 해당 계약 조건과 일치하는 것으로서 해당 계약이 종료된 후에도 존속하는 것이어야 한다.

영구 라이선스와 관련한 이용 방식은 해당 계약 내용상의 이용 방식과 동일한 방식으로 이루어진다.

CNSLP/PCLSN의 경우에는 12.4 조항에서 계약 종료와 더불어 출판사는 "자의에 따라" 컨소시엄, 인증된 이용자 및 방문 이용자가 라이선스 자료를 "아카이브 형태"로 접근하고 이용할 수 있도록 데이터베이스 컨텐츠의 전자적 복제본을 회원에게 제공하며 라이선스 자료로의 지속적인 접근을 제공할 것이라고 명시되어 있다. 그러나 이러한 접근은 계약 종료일까지로 설정된 계약 기간 동안만 해당되는 것으로 제한되어 있어, 아카이브라는 용어를 사용하고 있되 진정한 아카이브는 아닌 것으로 판단된다. 이 외의 조항에서는 아카이브에 대한 언급이 달리 명시되어 있지 않다. 따라서 CNSLP/PCLSN에서는 아카이브 관련 조항이 없는 것으로 분석된다.

NESLi2의 경우에는 세 가지 방식을 제시하고 있다.

첫째는 출판사 서버상의 동일 자료에 대한 지속적인 온라인 접근을 통해 이루어지는 방식이다.

둘째는 라이선시의 아카이브 시설로 쌍방에 의해 합의된 전자적인 아카이브 복제본을 제공하는 방식이다.

셋째는 UK 고등교육 커뮤니티를 대신하여 무료로 운영되는 중앙 아카이브 시설로 쌍방에 의해 합의된 전자적인 아카이브 복제본을 제공하는 방식이다.

어떠한 형태이든 지속적인 아카이브 접근 및 이용은 무료로서 라이선스상의 이용 조건에 따르도록 되어 있는데 무료로 제공되는 중앙 아카이브를 언급하고 있는 점이 특기 할만하다.

국내의 경우, 도서관이 체결하는 라이선스 계약상에서 아카이브 및 백업 파일과 관련한 라이선스 내용은 다양하다. 이와 관련한 조항이 전혀 없는 라이선스가 있는 반면에 아카이브 정책만을 별도의 문서로 계약에 첨부하는 라이선스도 있다.

별도의 문서로 아카이브 정책을 명시하는 라이선스의 경우, "원칙적으로 라이선서가 디지털 아카이브를 유지하도록 하겠지만 해당 저널의 출판을 더 이상 하지 않게 되거나 저널의 소유권이 제3자에게 넘어간 경우, 혹은 특정 저널이 삭제되는 경우에는 상호 인정할 수 있는 보관소로 이전한다"는 정책을 명시하고 있다.

그러나 이러한 아카이브에 대한 접근은 지속적인 구독을 가정한 경우에 한하는 것이다. 구독을 정지하게 되는 경우, 라이선시의 선택에 따라 추가 비용을 지불하면 지금까지 구독을 해오던 라이선스 자료의 전자 복제본을 받을 수 있다. 그리고 이 복제본은 온라인 버전이 아니라 어떤 링크도 되어 있지 않은 채 구독 당시의 포맷으로 제공이 된다. 이것이 의미하는 바는 아카이브 자료를 온전히 이용할 수 있게 하기 위해서는 도서관이 별도로 이들 자료를 조직하여 유용한 형태로 제작을 해야 한다는 것이다. 결국 구독을 중지하게 되면 아카이브도 중지되는 것과 마찬가지인 상황이 된다.

이는 앞서 아카이브와 관련한 논쟁점에서 살펴본 바와 같이 계약 기간의 갱신이 이루어지지 않고 계약이 종료되는 경우 도서관에는 해당 자료에 대해 아무것도 가진 것이 없는 상황이 되는 것이다. 지속적인 이용을 위해 계약 관계를 계속 유지하는 경우, 출판사 측이 요구하는 가격 상승이나 여하한 불합리한 계약 조건도 수용하지 않을 수 없는 상황에 놓일 우려가 있다.

물론 대부분의 라이선스에서 백업이나 아카이브를 목적으로 라이선스 자료를 한 부 출력하여 보관할 수 있다는 조항은 두고 있다. 계약 종료와 더불어 라이선시와 라이선서는 아카이브와 관련한 논의를 할 것이며 합의사항에 이르지 못하는 경우, 라이선시는 라이선스 자료가 들어있는 **CD-ROM**을 제공 받게 될 것이며 이의 이용은 해당 라이선스 자료에 대한 라이선스 내용 및 조건에 일치하여 이루어지도록 명시되어 있는 라이선스도 있다. 하지만 출력물 형태의 보관은 현재 국내 도서관 어디에서도 바라고 있지 않은 형태의 아카이브이다. 디지털 자료는 저장 공간의 문제를 해결해주는 점이 특히 도서관에 있어서는 큰 장점임에도 불구하고 오히려 디지털 자료를 출력하여 보관한다는 것은 모순이 아닐 수 없다.

계약 년도를 기준으로 하여 이전 몇 년간의 자료를 볼 수 있는 방식, 그보다 더 이전의 자료를 볼 수 있는 방식으로 나누어 이에 따른 별도의 대금 지불 규정을 명시하고 있는 라이선스도 있다. 또한 기간호의 경우에는 무료로 백 파일에 접근할 수 있도록 하는 라이선스도 있다.

현재 어떤 내용으로 아카이브 관련 조항이 명시되어 있는 지를 파악하고 좀 더 나은 요구 조건을 관철시키기 위해 어떻게 협상을 이끌어 갈지 지속적으로 연구하고 시행하지 않는다면 앞으로 도서관에서의 아카이브 기능은 사라질 지도 모른다. 도서관이 직접 디지털 형태로 아카이브를 유지하거나 국가가 지원하는 제3의 기관이 국가적인 차원에서 아카이브를 유지할 수 있도록 라이선서가 지원을 하거나 아니면 적어도 영구 라이선스를 보장해주는 조항이 계약서상에 명시될 수 있도록 해야 할 것이다.

3.2.4 사생활 보호 관련 조항

각 라이선스 사례별로 사생활 보호와 관련한 조항을 비교·분석하였는데 분석 결과를 표로 종합하면 다음의 <표 15>와 같다. <표 15>에서 보는 바와 같이 모든 라이선스들이 이용 데이터에 대한 기밀 유지를 명시하고 있다.

모든 라이선스에서 이용 데이터는 적용 가능한 사생활 보호법에 따라, 그리고 쌍방 간에 합의된 바에 따라 수집되어야 하며, 개별 이용자의 익명성 및 이들의 탐색과 관련한 기밀은 전적으로 보호되어야 한다고 규정하고 있다. 그리고 인증된 이용자에게만 패스워드 및 여타 접근 정보를 발행하도록 규정하고 있다.

국내의 경우에도 이와 관련한 조항들은 대부분 명시되어 있다.

<표 15> 라이선스 계약모델별 사생활 보호 관련 조항 비교

조 항	LIBLICENSE	Cox	JSTOR	CNSLP/PCLSN	NESLi2
이용 데이터 기밀 유지	O	O	O	O	O

3.2.5 도서관에 유리한 조항

각 라이선스 사례별로 도서관에 유리한 여타 조항을 비교·분석하였는데 분석 결과를 표로 종합하면 다음의 <표 16>과 같다. 도서관에 유리한 조항이란 근본적으로 도서관의 권익을 보호하기 위한 조항을 의미한다.

<표 16>에서 보는 바와 **LIBLICENSE** 라이선스가 가장 많은 수의 조항을 명시하고 있는 반면 **JSTOR** 라이선스는 가장 적은 수의 조항을 명시하고 있다.

납기일에 대한 명시, 부정기적 비가동 시간에 대한 명시, 라이선스 자료 및 서비스의 질에 대한 조항, 저작권과 관련한 출판사의 보증은 모든 라이선스가 공통으로 명시하고 있는 조항임을 알 수 있다. 반면에 직원 연수에 대해 언급하고 있는 라이선스는 **JSTOR**와 **LIBLICENSE** 두 곳뿐이며 인증이용자의 법적 위반에 대한 라이선시의 면책 조항을 명시하고 있는 라이선스는 **Cox**와 **NEESLi2** 라이선스 두 곳뿐인 것으로 나타나 있다.

<표 16> 라이선스 계약모델별 도서관에 유리한 조항 비교

조 항	LIBLIC-ENSE	Cox	JSTOR	CNSLP/PCLSN	NESLi2
납기일에 대한 명시	O	O[*]	O	O	O
라이선서의 지원	O		O[**]		
직원연수	O		O		
부정기적 비가동 시간에 대한 명시	O	O	O	O	O
서비스가 불통이거나 중지되는 경우에 대한 라이선서의 대응	O	O		O	O
라이선스 자료 및 서비스의 질에 대한 조항	O	O	O	O	O
저작권과 관련한 출판사의 보증	O	O	O	O	O
인증된 이용자의 법적 위반에 대한 라이선시의 면책		O		O	O
계약 해지가 가능한 경우에 대한 명시	O	O	O	O	O
이용 데이터의 제공	O	O		O	O
구체적인 이용 데이터 요소의 명시	O	O		O[***]	O[****]

[*] 별표 1에서 일정표 명시.
[**] 별표 B에서 구체적인 지원 사항 명시.
[***] 별표 6에서 제시되고 있다.
[****] 별표 4에서 제시되고 있다.

각 관련 조항별 분석내용은 다음과 같다.

1) 납기일 관련 조항

LIBLICENSE 라이선스의 경우에는 Ⅶ. 라이선서의 이행 의무 조항에서 라이선스 자료는 "[일자] 이내에" 라이선스 자료가 라이선시 및 인증된 이용자에게 이용 가능하도록 해야 한다고 명시하고 있다.

Cox 라이선스에서는 라이선스 자료인 전자저널 복제본이 인쇄본 출판일 "[{XX}일 이전에] [로부터 {XX}일 이내에] [보다 늦지 않게]" 이용되도록 명시하는 조항을 선택하도록 제시되어 있다.

JSTOR 라이선스의 경우에는 4.1항에서 라이선시가 **JSTOR**에게 대급 지불을 한 날짜로부터 10일 이내에 라이선스 자료가 라이선시 및 인증된 이용자에게 온라인상에서 이용되도록 명시하고 있다.

CNSLP/PCLSN 라이선스의 경우에서는 인쇄 버전의 출판일보다 늦지 않게 라이선스 자료의 전자 복제본이 이용될 수 있도록 출판사는 모든 합리적인 노력을 다해야 한다고 명시하고 있다. 기술적인 이유로 해서 이것이 가능하지 않은 특정 저널의 경우에는 라이선스 계약 시점에 그 이유와 더불어 명시되도록 하고 있다.

NESLi2 라이선스의 경우 역시 **CNSLP/PCLSN** 라이선스의 경우와 유사한 내용으로 명시되어 있는데 "인쇄 버전의 출판일보다 늦지 않게"라는 조항을 더욱 구체화 하여 "인쇄본 발행일의 근무 시작 시간보다 늦지 않게"라고 명시하고 있다.

반면 국내 현행 라이선스에서는 이와 관련한 조항을 찾아보기 어렵다. 하지만 납기와 관련한 내용은 가장 기본적인 계약 내용 중의 하나인 만큼, 이와 관련하여 계약서상에 분명하게 명시해 두는 것이 향후 분쟁에 대비하는 바람직한 방법이 될 것이다..

2) 라이선서의 지원 관련 조항

LIBLICENSE 라이선스의 경우, Ⅶ 라이선스의 이행 의무 조항에서 라이선서가 소프트웨어 이용이나 라이선스 자료 이용에 필요한 지원을 합리적인 수준에서 제공하도록 명시하고 있다. 피드백, 문제 해결 혹은 일반적인 질문에 대비하여 전자우편, 전화, 혹은 팩스를 통한 연락이 이루어지도록 해야 한다는 내용이 포함되어 있다.

JSTOR 라이선스의 경우, 4.4 조항에서 별표 B에 따라 라이선시 및 인증된 이용자에 대한 지원 제공과 관련한 내용이 명시되어 있다. 별표 B에 따르면 JSTOR Use Services Librarians가 라이선시를 위한 연락책으로 봉사한다고 되어 있다. 이들 이용자봉사사서는 전자우편, 전화 혹은 팩스를 통해 오전 9시부터 오후 5시까지 월요일부터 금요일까지 피드백, 문제 해결 혹은 일반적인 질문에 대비한 연락책 역할을 하게 된다. 따라서 별표 B에는 이들 사서의 주소와 전자우편, 전화, 팩스 번호가 명시되어 있다. 설치 과정에서의 지원 내용은 다음과 같다.

① JSTOR 시스템 작동 지원
② 다양한 플랫폼에서의 프린터 작동 안내
③ 여타 JSTOR 이용자와의 연락 및 커뮤니케이션 개시
④ 일반 정보, 배경 자료, 추가 열람 자료에 대한 정보 제공

한편 지속적인 지원 내용은 다음과 같다.

① 개별 문제에 대한 해결책 모색
② 뉴스레터 및 전자우편을 통한 정기적인 시스템 및 프로젝트 갱신
③ 토론 그룹의 유지(리스트서버와 전자우편)

이렇게 구체적인 지원 내용을 명시하고 있는 라이선스는 JSTOR 라이선스가 유일하다.

이 이외의 라이선스에서는 관련 조항이 명시되어 있지 않다.

국내 현행 라이선스에서도 이와 관련한 조항을 찾아보기 어렵다. KERIS의 경우 국외 출판사와의 계약 외에 국내 대행사와의 계약을 통해 도서관에 기술적 지원을 해주도록 조치를 취해두고 있는데 이는 상당히 바람직한 것으로 판단된다. 그러나 이렇게 국내 대행사를 통해 기술적인 지원을 받는 계약이 아닌 경우에는 반드시 이와 관련한 조항을 명시해두는 것이 바람직할 것이다.

3) 직원 연수 관련 조항

LIBLICENSE 라이선스의 경우에는 라이선서가 라이선스 자료의 이용과 관련하여 라이선시 직원에게 적절한 교육을 제공하도록 명시하는 별도의 조항을 두고 있다. 라이선스 자료 혹은 소프트웨어에 수정 혹은 갱신이 이루어지는 경우 라이선서는 라이선시 직원에게 추가적인 교육을 제공하도록 명시하고 있다.

JSTOR 라이선스의 경우에는 앞서 2) 지원에서 명시된 내용에 직원 연수와 관련한 조항이 포함되어 있고 별도의 조항

으로는 제시되어 있지 않다.

이 이외의 라이선스에서는 관련 조항이 명시되어 있지 않다.

국내 현행 라이선스에서도 이와 관련된 조항을 찾아보기 어렵다. 그러나 본 연구에서 실시한 도서관 대상의 설문지 조사 결과에 따르면 국내 도서관은 웹 DB의 내용이나 이용법, 인증된 이용과 불법 이용 등과 관련한 교육이 필요하다고 요구하고 있으며 이는 출판사 혹은 대행사에서 제공해 주어야 할 의무가 있는 것이다. 따라서 이와 관련한 조항도 계약서상에 명시해 두는 것이 바람직하다.

4) 부정기적 비가동시간 관련 조항

LIBLICENSE와 같은 경우에는 가동시간이 한달 평균 일정 비율로 지속적인 서비스를 제고하기 위한 합리적인 노력을 다하도록 명시하고 있다. 일정 비율의 비가동시간에는 서버 점검을 위한 정기적인 불통, 소프트웨어 설치 혹은 테스팅, 추가 라이선스 자료의 로딩, 라이선서의 통제를 벗어나는 장비 혹은 서비스 문제로 인한 불통 등이 포함된다고 명시하고 있다.

Cox 라이선스에서는 정기 검진의 경우를 제외하고는 언제 어느 때나 하루 24시간을 기준으로 라이선스 자료가 라이선시 및 인증된 이용자에게 이용될 수 있도록 하는 것이 라이선서의 이행 의무라고 명시하고 있다. 그리고 서비스가 불통이거나 중지되는 경우에는 가능한 한 빠른 시간 내에 라이선스 자료로의 접근을 재개하기 위한 모든 합리적인 노력을 다해야 한다고 명시하고 있다.

JSTOR 라이선스의 경우에는 서버의 정기 점검, 소프트웨어 설치 혹은 테스팅, 이용 가능한 저널의 로딩, 공적인 혹은 사적인 서비스 등 JSTOR의 통제를 벗어나는 장비 혹은 서비스와 관련된 가동시간으로 이용되지 않는 경우를 가정하여 데이터베이스가 지속적으로 온라인상에서 이용될 수 있도록 모든 합리적인 노력을 다하도록 명시하고 있다.

CNSLP/PCLSN 라이선스의 경우에는 각별히 출판사가 서비스 시간에 대해 컨소시엄에 보증을 하는 조항을 두고 있다. 7.4항에 따르면 "라이선스 자료를 제공하는 서버, 출판사의 자체 네트워크, 출판사의 인터넷 서비스 제공자에 적용되는 부정기적인 비가동시간이 월요일부터 금요일까지 동부시각 기준으로 오전 6:30부터 오후 8:00까지의 시간 동안 통산 12 시간을 넘지 않도록 할 것을 보증한다"고 명시되어 있다.

더불어 12.9항에서는 위의 조항에 설정된 보증 내용을 출판사가 위반하는 경우, 컨소시엄의 자의에 따라 출판사에 통지를 하는 시점에서 그러한 위반 각각에 대해 1개월씩 계약기간을 연장할 수 있다고 명시되어 있다.

이러한 내용의 조항은 여타 다른 라이선스상에서는 찾아볼 수 없는 조항으로 상당히 라이선시 측에 유리한 조항으로 판단된다.

NESLi2 라이선스의 경우에는 5.2.5 조항에서 "일상적인 유지 보수"를 제외한 하루 24시간 어느 때고 이용될 수 있도록 명시하고 있어, 하루 24시간 이용을 방침으로 하지만 일상적인 유지 보수의 경우에는 비가동이 될 수 있음을 명시하고 있다.

국내 현행 라이선스에서는 이와 관련한 조항을 거의 찾아보기 어렵다. 본 연구에서 도서관을 대상으로 실시한 설문지 조사 결과에 따르면 분쟁 사례 중에서 출판사측 서버 시스템의 일시적 중지 혹은 시스템 다운 등의 이유로 인한 분쟁 비율이 가장 높았던 점을 고려한다면 계약서상에 분명하게 이와 관련한 조항을 명시해 두는 것이 바람직할 것이다.

5) 라이선서의 서비스 중지 경우에 대한 라이선시의 대응 관련 조항

LIBLICENSE 라이선스의 경우에는 라이선스 자료가 계약 내용에 일치되어 이용되지 않는 경우, 라이선시는 그 즉시 라이선서에게 통지해야 하며 라이선서는 가능한 한 신속하게 라이선스 자료로의 접근을 재개하고자 모든 합리적인 노력을 다하도록 명시하고 있다. 또한 라이선서가 합리적인 시간 내에 문제를 해결하지 못하는 경우, 라이선서는 라이선시가 지불하는 전체 대금 중 이러한 불이용 비율에 해당하는 금액을 라이선시에게 반환하도록 하는 조항을 두고 있다. 이는 여타 다른 라이선스에서는 언급이 없는 조항으로서, 합리적인 노력과 합리적인 시간에 대한 명확한 판단에는 논란이 있을 수 있으나, 상당히 도서관 측에 유리한 조항으로 해석된다.

Cox 라이선스와 CNSLP/PCLSN, NESLi2 라이선스의 경우에는 "가능한 한 빠른 시간 내에" 자료로의 접근이 이루어지도록 가능한 "모든 합리적인 노력"을 다해야 한다고 명시하고 있다.

JSTOR 라이선스의 경우에는 "데이터베이스가 지속적으로 온라인상에서 이용될 수 있도록 모든 합리적인 노력을 다한다"고는 명시하고 있으나 서비스가 중지된 경우에 대한 대응 내용은 명시되어 있지 않다.

국내 현행 라이선스에서는 이와 관련한 조항이 포함된 경우가 적으나, 서버상의 문제로 인하여 서비스가 24시간 이상 지연되는 경우, 라이선시의 서면 요청에 따라 서비스 중지 시간이 전체 계약 기간에 차지하는 비율을 계산하여 이에 해당하는 금액을 라이선서가 반환한다는 조항을 둔 라이선스도 있다.

또는 라이선서 측의 서비스 중지가 한 번에 50시간 이상, 누적적으로 1,000시간 이상이 아닌 경우에는 라이선서가 이에 대한 책임을 지지 않는다는 조항을 둔 라이선스도 있다. 그러나 서비스 중지 경우에 대한 명확한 내용은 명시되어 있지 않으며 만약 서비스가 한 번에 50시간 이상, 누적적으로 1,000시간 이상 중지되는 경우, 이에 대한 손해배상 방식에 대한 조항은 달리 나타나 있지 않다.

추후 분쟁의 경우를 고려한다면 손해배상 방식에 대해서도 계약서상에 분명하게 명시해두는 것이 필요하다.

6) 라이선스 자료 및 서비스의 질 관련 조항

LIBLICENSE 라이선스의 경우에는 라이선스 자료의 질에 대한 조항이 포함되어 있다. Ⅶ조항의 라이선서 이행 의무 중에서 서비스의 질과 관련하여 라이선서는 라이선시와 그 인증된 이용자에게 라이선시가 있는 지역 내의 온라인 정보 제공산업에서의 현재 기준에 비교될만한 수준의 서비스 질을 제공할 수 있도록 라이선서의 서버가 충분한 용량과 연결 비율을 갖고 있음을 확실히 하기 위한 모든 합리적인 노력을 다하도록 명시하고 있다. 라이선스 자료가 수정될 수는 있으나 이 경우 라이선서는 라이선시에게 즉시 통지를 해주어야 한다. 라이선스 자료의 컨텐츠는 인쇄본 자료의 컨텐츠만큼 완벽하고 정확하며 적시적이어야 함을 명시하고 있다.

Cox 라이선스와 CNSLP/PCLSN, NESLi2 라이선스의 경우에도 라이선서의 라이선스 자료 제공 서버가 라이선시의 이용을 지원하기에 적절한 용량과 대역폭을 지니고 있음을 확신할 수 있는 모든 합리적인 노력을 다해야 한다는 조항을 두고 있다.

국내 현행 라이선스에서는 이와 관련한 조항을 찾아보기 어렵다. 그러나 이 조항은 다소 해석상에 논란이 있을 수 있는 조항으로 보여진다. "적절한" 용량과 대역폭이라든가 정보제공산업에서의 "현재 기준에 비교될만한 수준"과 같은 부분이 그러하다. 적절한 수준이 비교될만한 수준에 대한 개념이 명확하지 않기 때문에 그다지 효력을 지닐 조항으로 보이지 않는다.

또한 라이선스 자료의 컨텐츠가 인쇄본 자료의 컨텐츠만큼 완벽하고 정확하며 적시적이어야 한다고 명시하는 부분은 출판사측에 유리한 조항으로 제시되는 "있는 그대로"의 부분과 상치되는 부분이 될 수 있다. "있는 그대로"는 제공되는 컨텐츠의 정확성에 대해 출판사는 아무런 보증도 하지 않는다는 내용과 관련된 조항이다.

따라서 본 조항은 앞서 제시되었던 라이선서의 기술적 지원이나 부정기적 가동 시간, 일시적 서비스 중지 사태와 관련한 조항으로 대신하는 것이 바람직할 것으로 판단된다.

7) 저작권과 관련한 출판사의 보증 조항

모든 라이선스에서 출판사가 저작권이나 지적재산권 혹은

여타 다른 재산권을 침해하지 않는다는 보증을 하고 있다. 동시에 그런 권리 침해를 주장하는 라이선시에 반하여 취해지는 법적 행동에서 생겨나는 여하한 손실이나 손해로부터 라이선스를 보호한다는 조항을 두고 있다.

라이선스 계약에서는 이 저작권과 관련한 출판사의 보증이 반드시 명시되어야 함에도 불구하고 이런 조항이 들어 있지 않은 라이선스도 있다.

8) 인증이용자의 법적 위반에 대한 라이선시의 면책 관련 조항

이는 라이선시가 라이선스 위반의 이유가 되거나 인증된 이용자가 라이선스를 위반하는 것을 알면서도 계속 지원을 하거나 묵과하는 경우가 아니라면 라이선시는 인증된 이용자에 의한 라이선스 내용상의 위반에 대해 책임을 지지 않는다는 조항이다.

Cox 라이선스에서는 8.2항에서 이를 밝히고 있으며, NESLi2 라이선스에서는 5.6항에서 이를 명시하고 있다.

국내 현행 라이선스에서는 이와 관련한 조항을 대부분 두고 있으나 비인증 이용의 경우 라이선시가 이행해야 할 의무만 명시하고 있고 이에 대한 면책 조항은 두고 있지 않은 라이선스도 있다.

9) 계약 해지가 가능한 경우 관련 조항

Cox 라이선스에서는 출판사가 계약 내용을 위반하고 라이선시의 서면 통지가 있은 지 일정 기간 이내에 이 위반을 구제하지 못하는 경우 라이선시는 계약을 해지할 수도 있다고 명시하고 있다. 이러한 이유로 해서 라이선스가 해지되는 경우, 그 시점에서 출판사는 구독 기간 중에 남아 있는 기간을 계산하여 그 비율에 해당하는 금액을 즉시 반환해야 한다고 명시하고 있다.

JSTOR와 LIBLICENSE, NRSLi2 라이선스에서는 어느 일방이 상대방의 라이선스 위반을 확신하는 경우, 위반한 측에 서면으로 그러한 사실을 통지해야 하며 위반을 한 측은 통지를 받은 지 [일정 기간] (JSTOR의 경우에는 60일 이내에, NESLi2의…… 경우에는 30일 이내에) 그러한 위반을 구제해야 하고 이를 서면으로 상대방에게 통지하도록 되어 있다. 만약 위반이 60일 이내의 기간 내에 구제되지 않는 경우 더 이상의 통지 없이도 계약을 해지할 수 있다.

CNSLP/PCLSN 라이선스의 경우에는 출판사가 계약 내용을 실제적으로 위반한 경우, 그리고 컨소시엄에 의한 서면 통지가 있은 지 30일 이내에 해당 위반 내용을 구제하지 못한 경우 계약 해지가 가능하다고 명시하고 있다.

이와 관련한 조항은 국내 대부분의 라이선스상에 명시되어 있는 것으로 분석된다. 그러나 이렇게 계약이 조기 해지된 경우, 아직 남아 있는 계약 기간에 해당하는 기지불 금액의 반환에 대한 조항은 두지 않는 라이선스들이 있다.

10) 이용 데이터의 제공 여부 및 구체적인 이용 데이터 요소 명시

LIBLICENSE라이선스의 경우에는 International Consortium of Library Consortia에 의해 채택된 Guidelines for the Statistical Measures of Usage of Web-Based Indexed Abstracted and Full Text

Resources[64]에 준하여 라이선시 및 그 인증된 이용자에 의한 라이선스 자료 이용과 관련한 통계를 라이선시에게 제공하도록 명시하는 조항을 두고 있다.

　Cox 라이선스에서는 이용 데이터와 관련하여 출판사는 라이선시에게 수집 데이터를 제공하고, 출판사 및 라이선시의

---

[64] 이용 데이터는 다음과 같은 유형별로 제공되어야 한다고 명시되어 있다.
  ● 　정보 제공자의 개별 특정 데이터베이스별로
  ● 　기관 내 IP 주소별로
  ● 　전체 컨소시엄별로
  ● 　ID 번호 별로
  ● 　시간대별로. 최소한 월별로 제공되어야 하고 시간대별로 각 이용에 대한 정보 제공

또한 제공되어야 할 이용 데이터 혹은 이용 요소는 다음과 같이 제시되어 있다.
  ● 　질의 숫자
  ● 　메뉴 선택 숫자
  ● 　로그인 숫자
  ● 　열람, 선택, 다운로드, 전자우편, 출력 등을 통한 아이템 이용 숫자
　　디스플레이 된 인용
　　디스플레이 된 전문의 서명, ISSN, 여타 식별 가능한 정보
　　디스플레이 된 목차
　　디스플레이 된 초록
　　열람 혹은 다운로드 된 논문기사, 에세이, 시 등.
　　그 외 (이미지/AV 파일 등)
(International Coalition of Library Consortia(ICOLC), GUIDELINES FOR STATISTICAL MEASURES OF USAGE OF WEB-BASED INDEXED, ABSTRACTED, and FULL TEXT RESOURCES, Retrieved 07/02/2003 from <http://www.library.yale.edu/consortia/webstats.html>)

개별적인 내부 이용만을 기준으로 "서명별로 [월별] [분기별] [연도별] 다운로드 기사의 [타이틀] [초록] 숫자를 제공"하도록 되어 있다.

CNSLP/PCLSN 라이선스에서는 출판사가 이용 데이터를 수집하고 편찬해야 한다고 명시하는 동시에 별표 6에서 이용 데이터 및 요청 사항에 대해 계약하도록 하고 있다.

NESLi2 라이선스의 경우에는 별표 4에서 각 타이틀의 권호별 목차, 초록 및 전문에 대한 접속 건수를 이용 데이터로서 제공하도록 명시하고 있다.

이는 국내 대부분의 현행 라이선스에서 명시되어 있다. 사생활 보호법에 저촉되지 않는 범위 내에서 이용 데이터를 제공하게 될 것이라는 단서가 붙어 있다.

3.2.6 출판사에 유리한 조항

각 라이선스 사례별로 출판사에 유리한 여타 조항을 비교·분석하였는데 분석 결과를 표로 종합하면 다음의 <표 17>과 같다.

<표 17> 라이선스 계약모델별 출판사에 유리한 조항 비교

조　항	LIBLICENSE	Cox	JSTOR	CNSLP/PCLSN	NESLi2
인증되지 않은 이용의 금지	O	O	O	O	O
상업적 이용의 금지	O	O	O	O	O
라이선스 자료의 수정, 조작, 혹은 이로부터 파생물 제작의 금지	O	O	O	O	O
"as it is"	O	O	O	O	
인증된 이용자의 이용에 대한 라이선시의 관리	O	O	O	O	O
계약 해지가 가능한 경우의 명시	O	O	O	O	O
권리관리정보의　제거 및 변경 금지	O	O	O	O	O

위의 <표 17>에서 보는 바와 같이 NESLi2 라이선스의 경우에만 **"as it is"** 조항이 없는 점을 제외하면 모든 라이선스에 해당 조항들이 포함되어 있음을 알 수 있다. 물론 구체적으로 명시하는 정도에는 차이가 있으나 해당 조항의 존재 유무만을 볼 때 동일한 조항들을 명시하고 있는 것으로 판단된다.

각 관련 조항별 분석내용은 다음과 같다.

1) 인증되지 않은 이용의 금지

이는 모든 라이선스에서 금지되는 이용이다. Cox, CNSLP/PCLSN, NESLi2 라이선스에서는 출판사 혹은 출판사 대리인의 명시적인 서면 허락을 득하도록 규정하는 조항을 두고 있다.

이는 국내 현행 라이선스에서도 모두 명시되어 있는 조항
이다.

2) 상업적 이용의 금지

Cox 라이선스에서는 상업적 이용이라 함은 금전적 보상을
목적으로 라이선스 자료를 판매, 양도, 대여, 임대 혹은 여타
형태로 이용하는 것을 의미한다고 정의하고 있다. 인증된 이
용자로부터 라이선시가 직접 비용을 만회하려고 하거나 상업
적 조직의 지원을 받는 조사 연구 과정에서 라이선시 혹은
인증된 이용자가 라이선스 자료를 이용하려는 경우 이는 상
업적 이용으로 간주한다고 명시하고 있다.

모든 라이선스가 이러한 상업적 이용을 금하고 있다. 단
Cox, LIBLICENSE, CNSLP/PCLSN 라이선스의 경우에서는 상
업적 이용을 위한 라이선스 자료의 일부 혹은 전부를 이용하
고자 하는 경우, 출판사 혹은 출판사 대리인의 명시적인 서
면 허락을 득하도록 규정하는 조항을 두고 있다.

국내 현행 라이선스에서도 마찬가지로 상업적 이용은 금하
고 있다.

3) 라이선스 자료의 수정, 조작, 파생물 제작 금지

이 역시 모든 라이선스에서 금지되는 이용이다. 단 LIBLI-
CENSE, Cox, CNSLP/PCLSN 라이선스의 경우에서는 서면 허
락을 통해 이러한 이용이 가능 해질 수도 있다고 명시하고
있다.

JSTOR 라이선스의 정의에 따르면 파생물이라 함은 기존
저작물에 기반하여 기존 저작물의 저작권자 혹은 여타 지적

재산권자의 허락 없이 제작된 저작물로서 이러한 권리에 대한 침해로 간주되어질 수 있는 수정, 개작, 번안, 요약, 혹은 여타 형태로 기존의 저작물이 변형되거나 통합되어진 저작물을 의미한다.

대부분의 국내 현행 라이선스 역시 이를 금하고 있다.

4) "as it is"

LIBLICENSE 라이선스의 경우도 JSTOR 라이선스 조항과 상당 부분 유사한 내용으로 명시되어 있다. XV. 보증 제한 조항에서 보면 라이선서는 라이선스 자료 내의 오류나 누락, 명예 훼손, 기밀 정보의 폭로, 그리고 도덕적 권리, 상표권, 공공권, 사생활 보호권의 침해 등을 포함하여, 라이선스 자료의 컨텐츠와 관련하여 여하한 보증도 하지 않는다고 명시하고 있다. 또한 컴퓨터 바이러스 등으로 인한 여하한 손해에 대해서도 아무런 보증을 하지 않는다. 라이선스상에 밝혀진 보증 이외에는 라이선스 자료가 "as it is" 제공될 것이라고 명시하고 있다.

Cox 라이선스에서는 7.6항에서 설계, 라이선스 자료에 담긴 정보의 정확성, 특정 목적의 이용에 대한 적합성 등에 대해서는 출판사가 어떠한 보증도 하지 않으며 "as it is" 라이선스 자료를 제공한다고 명시하고 있다. 또한 라이선시나 인증된 이용자 등을 포함하는 여타 누구에게도 라이선스 자료를 이용하지 못함으로 인해 생겨나는 특별한, 전형적인, 우발적인, 혹은 필연적인 손해배상의 책임을 지지 않는다고 명시하고 있다. 소송의 원인이나 방식에 상관없이 라이선스의 여하한 위반으로부터 생겨나는 손해배상 금액은 손해배상이 발생

122

한 구독 기간과 관련하여 라이선스 조건에 따라 라이선시가 출판사에게 지불한 금액을 넘어서지 못한다고 명시하고 있다.

JSTOR 라이선스의 경우에도 8.5항에서 자료 내에 담긴 오류 혹은 누락, 명예훼손, 공공권리의 침해, 사생활 침해, 상표권, 도덕권, 혹은 기밀 정보의 누설을 등을 포함한 여하한 자료와 관련한 여하한 책임에 대해 JSTOR는 어떠한 보증도 하지 않으며, 8.6항에서는 라이선스상에 보증하는 이외에는 "as it is" 제공된다고 명시하고 있다. 네트워크를 통한 컴퓨터 바이러스 전송 등으로 인한 손해에 대해서 어떤 보증도 하지 않는다. 또한 데이터베이스를 이용하지 못하거나 제공되는 서비스의 중단, 혹은 라이선시의 자료 이용과 관련하여 생겨나는 여하한 손실, 손상, 손해에 대한 책임이 없다고 명시하고 있다. 데이터베이스가 계약 내용에 일치하여 운영되지 못하는 경우, 라이선시는 즉시 JSTOR에 통지해야 하며, JSTOR은 이러한 불일치 상태를 회복하기 위해 노력해야 한다. 그러나 어떤 경우에도 JSTOR의 책임은 라이선시가 JSTOR에게 지불한 금액을 넘어설 수는 없다고 명시하고 있다.

CNSLP/PCLSN 라이선스의 경우에서도 7.5항을 보면 해당 라이선스상에서 보증하는 이외에는 라이선스 자료에 담긴 정보의 정확성이나 디자인, 특정 목적을 이한 이용의 타당성 등에 대해 어떠한 보증도 하지 않으며 라이선스 자료는 "as it is" 제공될 것이라고 명시되어 있다. 출판사의 총체적인 책임은 계약에 따라 컨소시엄이 출판사에게 지불한 금액을 넘어설 수 없다고 명시되어 있다.

국내 현행 라이선스에서도 해당 조항을 두고 있는 라이선스가 있다.

5) 인증된 이용자의 이용에 대한 라이선시의 관리

대부분의 라이선스에서 라이선시는 인증된 이용자에게 라이선스의 내용 및 조건을 명확하게 알려주고, 인증된 이용자에 의해 라이선스 자료가 합법적으로 이용이 되는지 감독을 해야 하며, 위반이 되는 이용을 알게 되는 즉시 출판사에 통보하여 그런 위반 활동이 중지되는 동시에 재발되지 않도록 적절한 조치를 취하도록 명시하고 있다.

JSTOR 라이선스에서는 별도의 조항으로 이러한 내용을 담고 있지는 않으나 **3.3**항에서 "라이선시는 본 계약하에 허용되지 아니한 여하한 이용으로부터 데이터베이스를 보호하고자 하는 합리적인 노력" 다해야 한다고 명시하고 있으며 "인증된 이용자에게 데이터베이스의 유용성과 이용자규칙을 알려주는 수단을 강구"하도록 명시하고 있다. 이는 인증된 이용자의 이용에 대해 라이선시가 관리해야 함을 명시하는 내용으로 판단된다.

Cox, CNSLP/PCLSN, NESLi2 라이선스의 경우에는 라이선스 자료상의 지적재산권을 존중하는 것의 중요성과 이를 지키지 못하는 경우 라이선시가 부과하는 강제력의 중요성을 모든 인증된 이용자 및 방문 이용자에게 적절하게 알려주도록 하고 있다.

또한 대다수의 라이선스에 따르면 인증된 이용자가 자신의 패스워드 혹은 여타 접근 정보를 제3자에게 누설하지 않도록 하는 모든 합리적인 노력을 다하는 이행 의무를 갖는다. 더불어 라이선시는 모든 인증된 이용자와 이들의 접근 정보에 대해서는 최신의 기록을 유지하도록 하고 있다.

대부분의 국내 현행 라이선스에서도 이와 관련한 조항들을 라이선시의 이행 의무 조항 내에 두고 있다.

6) 계약 해지가 가능한 경우에 대한 명시

LIBLICENSE 라이선스의 경우에는 "라이선시가 라이선스의 범위를 벗어났다고 라이선서가 믿는 경우" 이러한 조기 해지가 가능하다고 명시하고 있다.

Cox 라이선스에서는 다음의 경우에 라이선서가 계약을 해지 할 수 있다고 명시하고 있다.

첫째, 라이선시가 라이선스상에 명시된 대금 지불을 이행하지 않고 출판사측의 서면 통지가 있은 지 [60일] 혹은 [90일] 이내에 그러한 불이행에 대한 구제에 실패한 경우,

둘째, 라이선시가 출판사의 저작권 혹은 기타 지적재산권, 혹은 이용허락 및 이용 금지와 관련한 라이선스상의 규정을 의도적이고 지속적으로 위반하는 경우,

셋째, 어느 일방이 지급불능자가 되거나 파산 혹은 이와 유사한 외부 관리에 들어가게 되는 경우이다.

CNSLP/PCLSN, NESLi2 라이선스의 경우에도 이와 유사한 내용으로 구성되어 있으나 구제 기간이 **30일**로 제시되어 있는 점이 다르다.

JSTOR 라이선스에서는 어느 일방이 상대방의 라이선스 위반을 확신하는 경우, 위반한 측에 서면으로 그러한 사실을 통지해야 하며 위반을 한 측은 통지를 받은 지 **60일** 이내에 그러한 위반을 구제해야 하고 이를 서면으로 상대방에게 통지하도록 되어 있다. 만약 위반이 **60일** 이내의 기간 내에 구제되지 않는 경우 더 이상의 통지 없이도 계약을 해지할 수 있다.

국내 현행 라이선스의 경우에도 이에 해당하는 조항들이 명시되어 있다.

7) 권리관리정보의 제거 및 변경 금지

권리관리정보와 관련한 조항들이 있다. 권리관리정보란 저작권법 제2조의 제21호에 규정된 바에 따르면 "다음 각목의 1에 해당하는 정보나 그 정보를 나타내는 숫자 또는 부호로서 각 정보가 저작물이나 실연·음반·방송 또는 데이터베이스의 원작품이나 그 복제물에 부착되거나 그 공연·방송 또는 전송에 수반되는 것"을 말한다. 각목에 해당되는 권리관리정보는 다음과 같다.

① 저작물이나 실연·음반·방송 또는 데이터베이스를 식별하기 위한 정보
② 저작자·저작재산권자·출판권자·저작인접권자 또는 데이터베이스 제작자를 식별하기 위한 정보
③ 저작물이나 실연·음반·방송 또는 데이터베이스의 이용방법 및 조건에 관한 정보

이는 저작물 정보, 권리자 정보, 이용조건 정보로 요약될 수 있다.

이러한 권리관리정보의 제거나 변경 행위는 기술적 보호조치의 경우와 같이, 침해 의제 행위가 된다. 정당한 권한이 없이, 침해를 유발 또는 은닉한다는 사실을 알거나 과실로 알지 못하고 전자적인 권리관리정보를 제거, 변경하거나, 권리관리정보가 제거, 변경된 사실을 알고도 해당 저작물 등을

배포, 전송하는 위반자에게는 3년 이하의 징역 또는 3천만 원 이하의 벌금에 처할 수 있도록 규정하고 있다.

LIBLICENSE라이선스의 경우에서도 VI조항에서 저작권 경고의 제거를 금하고 있다.

Cox 라이선스의 경우에는 6.1.1항에서 라이선시나 인증된 이용자 그 어느 쪽도 라이선스 자료에 나타나 있는 저자명이나 출판사의 저작권 명시 혹은 다른 식별 수단이나 권리 포기 수단을 제거하거나 변경할 수 없도록 명시하고 있다.

JSTOR 라이선스에서는 3.2항에서 라이선시는 데이터베이스 혹은 자료 내에 담긴 저작권 사항을 제거하거나 수정할 수 없다고 명시하고 있다.

국내 현행 라이선스에서도 대부분 이와 관련한 조항은 두고 있으며, 발췌분을 인용하는 경우에는 정보원, 서명, 저자명 및 출판사명을 밝히도록 하는 조항을 두고 있기도 하다.

3.2.7 기타 조항

각 라이선스 사례별로 기타 조항을 비교·분석하였는데 분석 결과를 표로 종합하면 다음의 <표 18>과 같다.

<표 18> 라이선스 계약모델별 기타 조항 비교

조 항	LIBLICENSE	Cox	JSTOR	CNSLP/PCLSN	NESLi2
양도	O	O	O	O	O
통지	O	O	O	O	O
라이선스 내용 및 조건의 수정	O	O	O	O	O
분쟁 해결	O	O	※	O	O
불가항력	O	O		O	O
일부 무효원칙	O	O	O	O	O
재판관할권 및 준거법	O	O	※※	O	O

※ 국제 사이트와 관련한 분쟁의 경우, 미국 내에서 해결될 것이라는
  조항은 별표 D에서 명시되어 있다.
※※ 국제 사이트의 경우에만 해당 조항을 두고 있다.

위의 <표 18>에서 보는 바와 같이 JSTOR 라이선스를 제외
한 모든 라이선스가 양도, 통지, 라이선스 내용 및 조건의 수
정, 분쟁 해결, 불가항력, 일부 무효원칙, 재판관할권 및 준거
법에 관한 조항을 명시하고 있다. JSTOR 라이선스의 경우에
는 분쟁 해결, 불가항력, 재판관할권 및 준거법에 관한 조항
이 명시되어 있지 않다.

각 관련 조항별 분석내용은 다음과 같다.

1) 양도 관련 조항

모든 라이선스가 라이선스 양도와 관련한 조항을 두고 있
다. 즉 해당 라이선스는 어느 일방에 의해 다른 사람 혹은

기관에 양도될 수 없으며, 어느 일방도 해당 라이선스에서 제시된 바 이외에는 사정에 상대방의 서면 허락을 구하지 않고 그 의무를 도급 계약할 수 없다고 규정하고 있다.

Cox 라이선스는 11.3항 및 11.4항에서, JSTOR 라이선스는 10.6항에서, LIBLICENSE 라이선스는 XVII항에서, CNSLP/PCLSN 라이선스는 13.3항에서, 그리고 NESLi2 라이선스에서는 7.1항에서 라이선스 양도에 대한 조항을 규정하고 있다.

Cox 라이선스 및 CNSLP/PCLSN, NESLi2 라이선스에서는 만약 출판사가 라이선스 자료 내의 전부 혹은 일부 권리를 또 다른 출판사에 양도한다면 출판사는 해당 라이선스의 내용 및 조건이 그대로 유지되리라는 확신을 위해 노력해야 한다는 조항을 두고 있다.

국내 대부분의 현행 라이선스에서도 이에 대한 조항을 두고 있다.

2) 통지 관련 조항

대부분의 라이선스가 상대방에 통지를 하는 경우에 대해 명시하고 있다. 어느 일방이 다른 일방에 통지를 하는 경우에는 서면으로 직접, 혹은 기록이 남는 등기를 통해, 혹은 팩스를 통해 라이선스상에 명시되어 있는 주소지로 보내지도록 한다. LIBLICENSE 라이선스의 경우에는 우편 발송 후 합의한 바에 따른 일정 기간 이내에, 등기로 보내진 경우에는 발송 후 근무 일수로 5일 이내(JSTOR 라이선스의 경우)에서부터 14일(Cox 라이선스, CNSLP/PCLSN 라이선스, NESLi2 라이선스의 경우)까지, 수령할 것으로 간주한다고 명시되어 있다.

이 역시 대부분의 현행 라이선스에서도 두고 있는 조항이다.

3) 라이선스 내용 및 조건의 수정 관련 조항

대부분의 라이선스가 라이선스 내용 및 조건을 수정하는 경우에 대해 명시하고 있다. 수정이 있는 경우에는 쌍방에 의해 서명 날인된 서면상의 수정만이 인정된다.

국내 현행 라이선스의 경우도 마찬가지이다.

4) 분쟁 해결 관련 조항

LIBLICENSE 라이선스의 경우에는 손해배상 청구를 하는 일방이 상대방에게 서면으로 분쟁의 논점에 대한 설명과 더불어 이에 대한 해결책을 제시하면 쌍방의 지정 대표 측은 그런 통지가 있은 후 일정 기간 내에 분쟁을 해결하고자 해야 한다고 명시하고 있다. 만약 합의가 이루어지지 않는다면 계약상의 중재 조항에 일치하는 결속력 있는 중재에 맡기도록 하고 있다.

또 다른 중재 방법도 제시되고 있다. 결속력 있는 중재에 의한 해결을 위해 쌍방이 인정하는 중재자를 선정하는데 만약 이러한 선정에 일치를 보지 못하는 경우 각 일방이 중재자를 선정하고 이 중재자가 제3자의 중재를 선정하는 방식이다. 중재 절차가 계속되는 기간 동안에도 쌍방은 합의된 바에 따른 각자의 의무를 계속 수행해야 한다.

Cox 라이선스의 경우에는 라이선스상의 의미나 그 권리 및 의무에 있어 쌍방 간에 이견이 있을 경우에는 쌍방의 합의에 따라 지명된 독립적인 전문가에게 위탁하도록 명시하고 있다. 전문가 비용은 전문가가 공정하고 합리적이라고 결정 내리는 비율로 쌍방이 부담하며 전문가에 의한 결정이 이루어지지 않는 경우에는 쌍방이 동일한 비율로 부담하도록 명시하고 있다.

JSTOR 라이선스에서는 이에 대한 조항이 명시되어 있지 않다. 단 별표 **D**에서 라이선시가 미국을 벗어나 위치하는 사이트 혹은 캠퍼스를 소유하고 운영하고 있는 경우, 계약과 관련하여 생겨나는 여하한 분쟁 혹은 손해배상 청구는 미국 내에서 해결될 것이라고 하는 조항은 명시되어 있으나 이는 여타 라이선스의 경우에서와 같은 분쟁 해결 절차에 관한 조항은 아니라고 하겠다.

CNSLP/PCLSN 라이선스의 경우에는 해당 계약 내용의 해석을 놓고 쌍방이 불일치를 보이거나 어느 일방이 본 계약 일부에 대해 위반한 경우, 쌍방은 불일치 해결을 위한 협상에 들어가며 중재 혹은 여타 소송 이전의 수단을 통한 불일치 해결의 타당성을 논하며 쌍방은 중재 혹은 여타 수단에 의거하여 성의 있게 협조하도록 명시되어 있다.

NESLi2 라이선스에서는 당사자들이 해당 합의와 관련하여 생겨나는 분쟁을 전문가의 결정에 의해 해결하는 것으로 합의하는 경우, 요청되는 전문가의 자질에 대해 합의하고 합의한 바에 따라 적합한 전문가를 공동으로 지명하도록 하고 있다. 만약 적합한 전문가에 대한 합의가 이루어지지 않는 경우 어느 일방이 전문가로 간주되는 사람, 바람직하게는 당시 공인회계사협회장에게 출원하여 해결하도록 되어 있다. 이 사람은 중재자가 아닌 전문가로서, 명백한 오류나 부정이 있는 경우를 제외하고는, 당사자에 대한 최종의 구속력을 갖게 된다.

국내 현행 라이선스의 경우에서는 분쟁 해결에 관해 구체적으로 명시하고 있는 사례는 드문 것으로 나타났다. 라이선스 계약이란 라이선서와 라이선시 간의 법적 의무와 이러한 의무를 파괴한 경우에 구제를 모색하는 권리 간의 약속으로 이루어진 법적 계약임을 염두에 둔다면 분쟁 해결에 관한 조항은 명시될 필요가 있는 조항일 것이다. 따라서 국내 현행 라이선스는 출판사 혹은 대행사와의 협상을 통해 이와 관련된 조항을 명시하는 것이 필요하다.

5) 불가항력 관련 조항

JSTOR 라이선스를 제외한 모든 라이선스가 천재지변, 정부 규제, 전쟁, 반란, 여타 통제를 벗어나는 이유로 인해 어느 일방이 의무를 불이행하거나 의무를 지체하게 되는 경우 이는 계약 위반으로 간주하지 않는다는 조항을 담고 있다.

이에 대한 조항은 국내 현행 라이선스상에도 명시되어 있다.

6) 일부 무효원칙 관련 조항

일부 무효원칙이란 해당 라이선스 내 어느 규정이 무효하거나 비강제적이라고 해서 해당 라이선스의 나머지 규정의 유효성이나 강제성에 영향을 미쳐서는 안되며 해당 라이선스 내 어느 규정에 대한 어느 일방의 권리포기가 규정 자체에 대한 권리 포기로 간주되어서는 안 된다는 것이다.

LIBLICENSE 라이선스는 XXIII항에서, Cox 라이선스는 11.7항 및 11.8항에서 이에 대해 규정하고 있으며, JSTOR 라이선스는 10.4항, CNSLP/PCLSN 라이선스는 13.7항 및 13.8항에서, 그리고 NESLi2 라이선스에서는 7.6항과 7.7항에서 이러한 일부 무효원칙을 명시하고 있다.

국내 현행 라이선스의 경우에도 거의 대부분 이에 대한 조항을 두고 있다.

7) 재판관할권 및 준거법 관련 조항

LIBLICENSE 라이선스의 경우에는 XVIII. 재판관할권 및 준거법 조항에서 "본 계약은 [쌍방에게 편리한 관할권]의 법에 따라 해석"될 것이라고 명시되어 있다. [쌍방에 편리한 관할권]에 소재한 연방법정 혹은 주법정은 본 계약하에 여하한 분쟁을 심리할 권한을 갖는다고 명시되어 있다.

Cox 라이선스에서는 11.9항에서 "[본 라이선스는 법의 적용을 받고 법의 해석에 따르게 될 것이다.]"는 조항을 선택적으로 명시할 수 있도록 하고 있다.

JSTOR 라이선스에서는 별표 D의 국제 사이트 관련 조항에서 "여타 다른 관할권의 법을 직접 적용하게 될 여하한 법을 제외하고는 미국의 연방법 혹은 주법에 따라 해석될 것"이며 "본 계약과 관련하여 발생하는 여하한 손해배상 청구는 미국 내에서 해결될 것"이라고 명시되어 있다. 그러나 국제 사이트가 아닌 경우에 대한 재판관할권 및 준거법 조항은 발견되지 않는다.

CNSLP/PCLSN 라이선스에서는 13.10항에서 온타리오 지역법 및 캐나다법의 적용을 받으며 이에 따라 해석된다고 명시되어 있다.

NESLi2 라이선스의 경우, 7.8항에서 영국법을 따르는 것으로 명시되어 있으며 해당 계약과 관련하여 발생하는 여하한 분쟁도 영국 법정의 재판 관할 내에 있을 것을 명시하고 있다.

재판관할권 및 준거법은 국내 현행 라이선스상의 가장 큰 문제점으로 보이는 부문이다. 국내 도서관이 해외 출판사와 체결하는 계약서상에는 관례적으로 외국의 모든 출판사들이 자국법을 준거법으로 하며 자국의 법원을 재판관할법원으로 명시하고 있다. 이 경우 국제법과 국내법 간의 차이에 따른 갈등이 문제가 될 수 있다.

분쟁 해결과 관련해서도 라이선스 계약모델의 경우에는 중재자 혹은 전문가에 의한 분쟁 해결 노력의 절차가 명시되어 있는 데 반해 국내 라이선스 사례들은 "본 계약에 의해 발생되는 권리, 의무에 관한 소송에 대하여는 서울지방 법원을 합의관할로 한다"는 내용만이 명시되고 있다.

3.2.8 소 결

3.1절에서 3.5절까지의 라이선스 계약모델들을 대상으로 한 기본구조 및 주요 조항 분석 결과를 바탕으로 본 연구에서는 다음과 같이 기본구조 및 주요 조항을 설정하였다.

우선 기본구조 및 주요 조항의 설정 원칙은 다음과 같다.

첫째, 기본구조는 앞서 3.1절에서 라이선스 계약모델 사례를 대상으로 한 구조 분석을 통해 종합적으로 제시되었던 <표 8>의 내용에 기반하고 있다.

둘째, 주요 조항은 3.2에서 3.5까지의 조항 분석 결과를 제시한 <표 11>~<표 18>의 조항들을 종합하여 제시하였다. 주요 조항들이 기본구조 내 어디에 속하는지는 계약모델들에 대한 분석 결과 해당 조항이 어느 기본구조 내에 명시되어 있는지에 따라 결정하였다. 그러나 아카이브 관련 조항과 같은 경우에는 사례마다 명시되어 위치가 서로 다르다. 즉, Cox 라이선스에서는 합의내용 중 2.3조항에 명시되어 있는 반면

JSTOR 라이선스에서는 계약 내용 및 조건 관련 조항 중 6.3 조항에, LIBLICENSE 라이선스에서는 별도의 조항으로 XII조항에, CNSLP/PCLSN 라이선스에서는 계약기간 및 해지 관련 조항 중 12.4조항에, 그리고 NESLi2 라이선스에서는 합의 내용 중 2.2.2조항에 명시되어 있다. 이런 경우에는 가장 많은 수의 사례에서 공통으로 택하고 있는 위치로 결정하였다. 아카이브의 경우에는 Cox 라이선스와 NESLi2 라이선스가 동일한 결과를 보이고 있으므로 합의 내용 부문에 명시하는 것으로 결정하였다.

셋째, 용어정의는 앞서 3.1절에서 제시되었던 계약모델별 용어 정의 부문에 제시된 용어들 중에서 본 연구의 결과물로 제시될 계약모델 내에 나타나는 용어들에 대해 정의하게 될 것인 바 현 단계에서는 설정을 하지 않았다.

넷째, 별표의 경우 앞서 <표 8>의 기본구조에는 포함되지 않은 것이라 하더라도 라이선스 내용 및 조건의 명확성을 위해 필요하다고 판단되는 별표는 추가하였다. 추가된 별표는 다음과 같다.

① 인증된 이용자(컨소시엄 계약인 경우에는 컨소시엄 회원 명시)
② 대금 지불
③ 이용 데이터

이러한 설정 기준에 따라 설정된 라이선스 계약모델 기본구조 및 핵심조항은 다음의 <표 19>와 같다.

<표 19> 라이선스 계약모델 기본구조 및 주요 조항

기본구조	주요 조항
계약일자	
계약당사자	
설명조항	
용어정의	
합의내용	● 라이선스 양도 ● 계약 시작 및 종료 ● 아카이브 방식
허락된 이용	● 인증된 이용에 라이선스 자료의 탐색, 보기 및 디스플레이, 사적 이용을 위한 복제본 한 부 인쇄 및 다운로드 ● 다른 인증된 이용자에게 인쇄 형태나 전자적인 형태로 라이선스 자료의 개벌 기사나 아이템의 복제본을 배포 ● 라이선스 자료로의 통합적인 저자명, 기사명, 키워드 색인을 포함하는 접근 허용 ● 내부적인 마케팅 혹은 테스팅, 인증된 이용자에 대한 교육을 목적으로 라이선스 자료를 디스플레이, 다운로드, 출력 ● 인증된 이용자를 위한 강의용 편집 교재 허용 ● 시각장애인을 위한 점자에 의한 복제 허용 ● 저작권법하에서의 권리 명시 ● 도서관 상호 대차의 허용
금지된 이용	● 인증되지 않은 이용의 금지 ● 상업적 이용의 금지 ● 라이선스 자료의 수정, 조작, 혹은 이로부터 파생물 제작의 금지 ● 권리관리정보의 제거 및 변경 금지
대금 지불	

라이선서의 보증 및 면책	● 라이선서의 저작권 및 이용권 보증 및 책임 ● 시스템의 부정기적 가동시간에 대한 제한 명시 ● "as it is" ● 손해배상청구에 대한 책임의 범위
라이선시의 이행의무	● 인증된 이용자의 이용에 대한 라이선시의 관리 ● 인증에 필요한 정보 제공 ● 인증된 이용자의 법적 위반에 대한 라이선시의 면책
라이선서의 이행의무	● 납기일의 명시 ● 접근 정보 제공 ● 시스템 정기 검진은 이용 요구가 비교적 낮은 시간대에 실시 ● 라이선스 자료의 변경은 가능하나 이 경우 라이선시에게 서면으로 변경내용을 통지하며 이러한 변경이 라이선시에게 유용하지 않은 변경인 경우 계약 위반으로 간주 ● 이용 데이터를 수집 및 편찬하여 라이선시에게 제공 ● 이용 데이터 기밀 유지 ● 기술적 지원 및 이용 교육 제공
쌍방의 이행 의무	● 지적재산권, 및 재산권 보호 ● 이용 데이터의 기밀 유지
기간 및 해지	● 계약 해지가 가능한 경우 ● 계약 해지에 따른 권리 및 의무의 종료 ● 잔여 계약 기간에 대한 지불 대금 반환

일반 원칙	● 양도 혹은 도급계약에 대한 명시 ● 통지의 의무 및 통지 방법 ● 천재지변의 경우에는 면책 ● 어느 하나 이상의 조항이 무효한 경우에도 나머지 계약 내용의 유효성이나 강제성에 영향을 미지치 않음을 명시 ● 분쟁이 발생한 경우 분쟁 해결 절차 ● 재판관할권 ● 준거법
서 명	
별 표	● 인증된 이용자 ● (컨소시엄회원) ● 라이선스 자료 ● 접근 방법 ● 도서관 구내 ● 대금 지불 ● 이용 데이터

　이 장에서는 위의 <표 19>에서 제시된 바와 같이 라이선스 계약모델의 기본구조 및 주요 조항을 설정하였다. 이를 다음 장의 계약 관련 이해 당사자들에 대한 설문지 조사 결과와 종합하여 라이선스 계약모델의 구체적인 조항문구를 결정하고자 한다.

4. 라이선스 계약 현황 및 주요 조항에 대한 설문지 조사

이 장에서는 도서관의 전자저널 라이선스 계약 현황과 문제점 및 바람직한 라이선스 조항에 대한 계약 당사자들의 의견을 수렴하고자 도서관과 대행사들을 대상으로 실시한 설문지 조사를 실시하였다.

4.1 조사 목적 및 방법

전자저널 이용을 위한 라이선스 협상 및 계약 과정에서의 국내 현황과 문제점을 파악하고 각 계약 당사자들이 바람직하게 여기는 라이선스 조항들을 파악하기 위해 현재 전자저널을 이용하고 있는 국내 대학도서관, 연구도서관, 병원도서관과 출판사를 대리하여 라이선스 계약에 임하고 있는 국내 대행사들을 조사대상으로 하여 설문지 조사를 실시하였다.

이렇게 도서관과 대행사를 구분하여 조사를 실시한 이유는 도서관은 라이선시의 입장이고 대행사는 라이선서의 입장이 되는 바 이 둘은 서로 상반되는 이해 관계에 놓여 있을 것이고 따라서 현행 라이선스 계약 현황을 바라보는 시각에서도 차이가 있을 것으로 판단하였기 때문이다. 또한 도서관의 경우에도 본 연구를 통해 개발하게 될 라이선스 계약모델은 관종별 차이가 있는지를 알아보기 위해 대학 도서관과 연구소 및 병원도서관으로 구분하여 비교·분석하였다.

이 조사를 위해 도서관용과 대행사용의 두 가지 설문지를 작성한 뒤 먼저 국내 대학도서관 사서 5명에게 예비조사를 실시하는 동시에 이들의 자문을 구하였다. 자문 결과를 바탕으로 수정 작업을 거친 뒤 수정 설문지를 조사도구로 하여 2003년 9월 22일부터 10월 8일까지 17일간 조사를 실시하였다.

조사 대상자는 모두 83개 기관으로서 이중 대학도서관이 43개, 연구소도서관 및 병원도서관이 27개로서 모두 70개 도서관이며, 대행사가 13개이다.

대학도서관은 서울 소재 대학도서관 중 2003년 9월 18일 현재 기준으로 국내 KESLI 및 KERIS가 추진하는 전자저널 혹은 웹 DB 공동구매 컨소시엄에 적어도 하나 이상 참가하고 있는 도서관으로 제한하였다. 본 연구의 대상은 전자저널이나 웹 DB에도 원문이 제공되는 전자저널이 포함되는 점을 감안하여 웹 DB도 포함을 시켰다. 서울 소재 대학은 한국인적자원부의 데이터를 기준으로 2003년 현재 모두 42개에 달하는데 이 중 본 연구의 조사 대상 범위에 드는 도서관은 38개 도서관이었다. 이 중에는 동일 대학교가 둘 이상의 도서관을 두고 있는 곳이 있었는데 각기 서로 다른 컨소시엄에 참가하고 있는 점을 고려하여 별도의 도서관으로 취급하기로 결정하였고 이에 따라 조사 대상 도서관 전체 숫자는 모두 43개가 되었다.

연구소도서관 및 병원도서관은 역시 2003년 9월 18일 현재 기준으로 KESLI 및 KERIS가 제공하는 전자저널과 웹 DB 양쪽 모두를 이용하고 있는 도서관으로 제한하였다. 대학도서관의 경우와 달리 전자저널과 웹 DB 양쪽 모두를 이용하는 도서관으로 제한을 한 이유는 일정 수준 이상의 규모를 갖춘 도서관을 대상으로 하고자 하였기 때문이었다. 선정된 연구소도서관의 숫자는 27개이다.

대행사의 경우는 2003년 9월 18일 현재 KESLI 및 KERIS 의 홈페이지를 통해 컨소시엄 관련 제공업체 리스트를 작성한 후 전화 확인을 통해 관련 업무를 계속하고 있는 업체 13 군데를 조사대상자로 선정하였다.

설문지 조사는 전자 우편을 통해 이루어졌다. 일차적으로 조사 대상 전원에게 전화상으로 먼저 설문지 조사에 협조해 줄 것을 요청한 뒤 설문지를 전자 우편으로 전달하였고, 5일 간의 기간 동안 회수되지 않은 설문지에 대해서는 2차, 3차 전화 통화를 통해 다시 한번 협조를 요청하여 모두 62건의 설문지를 회수하였다. 이는 74.7%의 회수율에 이른다. 세부적으로는 대학도서관이 전체 43군데 중 35군데가 회수되어 81.4%, 연구소도서관이 27군데 중18군데가 회수되어 66.7%, 대행사가 모두 13군데 중 9군데로서 69.2%의 회수율을 보였다.

설문지 분석은 SPSS 통계 프로그램의 기술 통계를 통해 이루어졌다.

4.2 설문지 구성

도서관용 설문지는 모두 28개의 문항으로 구성되어 있다. 설문지 내용의 구성 및 문항수는 다음과 같다.

① 현재 구독 중인 전자저널의 규모 관련 4개
② 라이선스 계약 유형 관련 1개
③ 대금산정방식 관련 1개

④ 라이선스 계약 담당자 관련 2개
⑤ 라이선스 계약 절차 관련 4개
⑥ 라이선스 협상 및 계약 대비 직원 교육 관련 3개
⑦ 라이선스 내용 및 조건에 관한 이용자 교육 관련 2개
⑧ 라이선시와 라이선서 간의 분쟁 관련 3개
⑨ 현행 라이선스 계약 과정상의 문제점 관련 1개
⑩ 바람직한 라이선스 내용 및 조건 관련 7개

위 설문지 문항 중 ①~③에 속하는 모두 6개의 문항은 조사 대상 도서관에 대한 배경 지식으로 필요로 한 문항이었으나 미응답 설문지의 비율이 높아 분석 대상에서 제외하였다. ④~⑨에 속하는 15개 문항은 효율적인 라이선스 계약 체결을 위해 도서관은 어떻게 대처하고 있는지를 파악하기 위한 것이다. ⑩의 7개 문항은 도서관이 바람직하게 여기는 라이선스 내용 및 조건을 파악하기 위한 것이다.

대행사용 설문지는 모두 28개 문항으로 구성되어 있으며 설문지 내용의 구성은 다음과 같다.

① 라이선스 유형 관련 1개
② 라이선스 담당자 관련 2개
③ 라이선스 계약 과정 관련 3개
④ 라이선스 협상 및 계약 대비 직원 교육 관련 3개
⑤ 라이선시 및 라이선서 간의 분쟁 관련 3개
⑥ 라이선스 계약 과정상의 문제점 관련 1개
⑦ 제공 서비스 관련 9개
⑧ 라이선스 내용 및 조건 관련 6개

위 설문지 문항 중 ①의 라이선스 유형 관련 설문은 도서관용 설문지 문항에서 라이선스 계약 유형 관련 문항이 분석 대상에서 제외됨에 따라 대행사용 설문지의 분석에서도 제외되었다. ②~⑥에 속하는 12개 문항은 효율적인 라이선스 계약 체결을 위해 대행사는 어떻게 대처하고 있는지를 파악하기 위한 것이다. ⑦의 9개 문항은 전자저널 이용과 관련하여 대행사가 도서관에 제공하는 서비스 행태를 알아보기 위한 것으로 이에 대한 별도의 분석은 행하지 않고 현행 서비스 행태를 이해하는 기초자료로 활용되었다. ⑧의 6개 문항은 대행사가 바람직하게 여기는 라이선스 내용 및 조건을 파악하기 위한 것이다.

4.3 조사 결과 및 분석

설문지 조사의 내용은 크게 라이선스 계약 현황에 대한 내용과 라이선스 조항 관련 내용으로 나누어 이 두 가지 측면에서 도서관과 대행사의 설문지 조사 결과를 비교·분석하였다.

4.3.1 라이선스 계약 현황 분석

라이선스 체결 현황과 관련하여 라이선스 계약을 담당하는 직원이 존재하는지의 여부에 대한 응답 결과는 다음의 <표 20>과 같다. <표 20>에서 보는 바와 같이 대학도서관은 76.5%, 연구소 및 병원도서관은 64.7%, 그리고 대행사의 경우에는 88.9%의 비율로 라이선스 담당자가 존재하고 있다. 그러나

여기서의 담당자란 현재 해당 업무를 맡고 있는 직원을 의미
하는 것으로 라이선스 계약을 전문으로 담당하는 전담자는
현재 존재하지 않는다.

<표 20> 라이선스 담당자의 존재 여부

	대 학		연구소		대행사		전체	
	빈 도	백분율	빈 도	백분율	백분율	빈 도	빈 도	백분율
예	26	76.5	11	64.7	8	88.9	45	75.0
아니오	8	23.5	6	35.3	1	11.1	15	25.0
합 계	34	100.0	17	100.0	9	100.0	60	100.0

　라이선스 지침 혹은 매뉴얼이 있는 지와 관련한 질문의 경
우, 다음의 <표 21>에서 보는 바와 같이 대학도서관과 연구
소 및 병원도서관은 각각 5.7% 및 0.0%의 비율만이 있다는
응답을 한 반면 대행사는 55.6%가 보유하고 있다는 응답을
하였다. 이러한 결과는 대학도서관이나 연구소 및 병원도서
관과 같은 라이선시 해당 기관은 대행사와 같은 라이선서 해
당 기관에 비해 라이선스 계약에 대비한 준비가 부족하다는
결론을 내릴 수 있는 지표로 보여진다.

<표 21> 라이선스 지침 혹은 매뉴얼의 유무

	대 학		연구소		대행사		전 체	
	빈 도	백분율	빈 도	백분율	빈 도	백분율	빈 도	백분율
예	2	5.7			5	55.6	7	11.3
아니오	33	94.3	18	100.0	4	44.4	55	88.7
합 계	35	100.0	18	100.0	9	100.0	62	100.0

라이선스에 대한 법률가 자문 절차가 있는지에 대한 질문과 관련하여 아래 <표 22>에서 보는 바와 같이 대학도서관과 연구소 및 병원도서관은 공히 100.0%의 비율로 그러한 절차가 없다는 응답을 한 반면, 대행사의 경우에는 22.2%의 비율로 법률가 자문 절차가 있다는 응답을 하였다. 그러나 이 22.2%의 경우도 실제 국내 대행사가 법률가 자문을 구하는 비율이 아니라 계약에 쓰이는 라이선스는 출판사측이 제시하는 라이선스로서 이는 이미 법률가의 자문을 거친 것이라는 점에서 법률가 자문 절차가 있다는 응답을 한 것이다. 따라서 국내에서는 라이선스 계약 이전에 법률가의 자문을 구하는 절차는 거의 없다고 할 수 있다.

<표 22> 라이선스에 대한 법률가 자문 절차의 유무

	대 학		연구소		대행사		전 체	
	빈 도	백분율	빈 도	백분율	빈 도	백분율	빈 도	백분율
예					2	22.2	2	3.3
아니오	35	100.0	17	100.0	7	77.8	59	96.7
합 계	35	100.0	17	100.0	9	100.0	62	100.0

라이선스 협상 및 계약과 관련한 직원 교육이 있는지에 대

한 응답 결과는 다음의 <표 23>과 같다. 대학도서관과 연구소 및 병원연구소의 경우에는 각각 11.4%와 11.1%만이 직원 교육이 시행되고 있다고 응답한 반면 대행사의 경우에는 55.6%의 비율로 직원 교육이 시행되고 있다고 응답하였다. 이는 앞서 라이선스 지침 혹은 매뉴얼의 존재 여부에 대한 응답 결과와 마찬가지로 대학도서관과 연구소 및 병원도서관 보다는 대행사 측이 라이선스 계약을 위한 준비를 더 철저히 하고 있음을 알 수 있는 척도라고 하겠다.

<표 23> 라이선스 관련 직원 교육의 유무

	대 학		연구소		대행사		전 체	
	빈 도	백분율	빈 도	백분율	빈 도	백분율	빈 도	백분율
예	4	11.4	2	11.1	5	55.6	11	17.7
아니오	31	88.6	16	88.9	4	44.4	51	82.3
합 계	35	100.0	18	100.0	9	100.0	62	100.0

다음의 <표 24>는 현재 라이선스 관련 직원 교육이 이루어지고 있는 기관의 경우, 시행되고 있는 직원 교육의 내용은 무엇인가에 대한 응답 결과이다. <표 24>에서 보는 바와 같이 복수 응답을 허용하였던 바, 대학도서관과 연구소 및 병원도서관의 경우에는 전자저널 및 웹 **DB** 이용법에 대한 교육에 치중하고 있는 반면 대행사의 경우에는 이 외에도 협상기술과 라이선스 사례에 대한 교육이 이루어지고 있으며 저작권법과 계약법에 대한 교육이 시행되는 곳도 있었다.

\<표 24\> 현행 라이선스 관련 직원 교육의 내용

(복수응답 허용)

	대 학		연구소		대행사		전 체	
	빈 도	백분율	빈 도	백분율	빈도	백분율	빈 도	백분율
전자저널 및 웹 DB 이용법	3	100.0	2	100.0	3	75.0	8	88.9
협상 기술					3	75.0	3	33.3
저작권법			1	50.0	2	50.0	3	33.3
계약법					1	25.0	1	11.1
라이선스 사례	1	33.3			3	75.0	4	44.4
교육이 필요 없다								

　다음의 \<표 25\>는 필요하다고 요망되는 라이선스 관련 직원 교육의 내용과 관련한 응답 결과이다. 1순위부터 3순위까지 우선 순위를 매기도록 하였고 결과 분석 시에는 1순위의 가중치를 3, 2순위의 가중치를 2, 3순위의 가중치를 1로 계산하였다.

148

<표 25> 바람직한 라이선스 관련 직원 교육의 내용

(우선순위 응답)

	대 학		연구소		대행사		전 체	
	빈 도	백분율	빈 도	백분율	빈 도	백분율	빈 도	백분율
전자저널 및 웹 DB 이용법	37	19.6	34	31.2	14	24.6	85	24.0
협상 기술	24	12.7	13	12.0	16	28.1	53	15.0
저작권법	47	24.9	27	24.7	10	17.5	84	23.7
계약법	53	28.0	15	13.8	4	7.0	72	20.3
라이선스 사례	28	14.8	19	17.4	13	22.8	60	17.0
교육이 필요 없다			1	0.9				

위의 <표 25>에서 보는 바와 같이 대학도서관의 경우에는 계약법과 저작권법에 대한 교육의 필요성을 강조하고 있으며, 연구소 및 병원도서관의 경우에는 전자저널 및 웹 **DB** 이용법과 저작권법에 대한 교육을, 그리고 대행사의 경우에는 협상 기술, 전자저널 및 웹 **DB** 이용법, 라이선스 사례의 순으로 교육 요구도가 큰 것으로 나타났다.

대학도서관의 경우에는 계약법에 대한 교육 요구가 가장 큰 반면 연구소 및 병원도서관과 대행사의 경우에는 계약법에 대한 요구가 가장 낮아 대조를 보이고 있다. 전체적으로 가장 높은 비율을 보인 것은 전자저널 웹 **DB**의 이용법에 대한 교육과 저작권법에 대한 교육이다.

다음의 <표 26>은 전자저널 이용과 관련한 분쟁 경험의 유무에 대한 응답 결과이다.

<표 26> 분쟁 경험의 유무

	대 학		연구소		대행사	
	빈 도	백분율	빈 도	백분율	빈 도	백분율
예	4	11.4	1	5.9	7	87.5
아니오	31	88.6	16	94.1	1	12.5
합 계	35	100.0	18	100.0	9	100.0

　　대학도서관과 연구소 및 병원도서관은 각각 **11.4%**와 **5.9%**의 비율로 분쟁 경험이 있는 것으로 나타났다. 이들 분쟁이 발생한 원인은 다음의 <표 27>에 제시된 바와 같다.

<표 27> 분쟁의 원인 분석

(복수응답 허용)

	대 학		연구소		대행사		전 체	
	빈 도	백분율	빈 도	백분율	빈 도	백분율	빈 도	백분율
대금 지불 지체	1	25.0			2	28.6	3	25.0
서비스 불통 혹은 일시적 중지 사태					5	71.4	5	41.7
계약 위반 이용자 이용	2	50.0	1	100.0	3	72.9	6	50.0
기 타	1	25.0			2	28.6	3	16.7

　　위의 <표 27>에서 보는 바와 같이 대학도서관과 연구소 및 병원도서관의 경우에는 전체 5건의 분쟁 중 계약 내용에 위반되는 이용이 3건으로 절반 이상에 해당되나 대행사의 경우에는 전체 7건의 분쟁 중 서비스 불통 혹은 중단 사태로

인한 분쟁이 5건으로 가장 높은 비율을 보이고 있다.

이렇게 양측의 분쟁 원인이 달리 제시된 이유는 첫째, 대학도서관과 연구소 및 병원도서관의 경우에는 특정 조건의 도서관만으로 선별을 하였으나 대행사의 경우에는 국내 대행사 전체를 조사대상으로 하였던바, 대학도서관과 연구소 및 병원도서관의 조사대상에 포함되지 않은 도서관의 분쟁 원인이 대부분 서비스 불통 혹은 일시적 중지 사태에 있었기 때문이라는 추정이 가능하다. 둘째, 아래의 <표 28>에서 보는 바와 같이 분쟁 해결 방법은 100.0%가 쌍방 간의 원만한 합의에 의한 것이었던 바, 크게 문제되지 않은 분쟁의 경우, 서비스 불통 혹은 일시적 정지에 대해 이의 제기를 하였던 도서관측은 분쟁으로까지 인식하지 않았으나 이의 제기를 받았던 대행사는 이를 클레임으로 인식하였기 때문이라는 추정도 가능하다.

기타의 원인도 제시되었는데 여기에는 pay-per-view로 계약하였으나 금액이 과다하게 나와 분쟁이 생긴 사례가 포함되어 있다.

분쟁 해결 방법에 대한 응답 결과는 다음의 <표 28>과 같다.

<표 28> 분쟁 해결 방법

	대 학		연구소		대행사		전 체	
	빈 도	백분율	빈 도	백분율	빈 도	백분율	빈 도	백분율
쌍방 합의	4	100.0	1	100.0	7	100.0	12	100.0
중재자의 중재								
소 송								
미결 상태								
합 계	4	100.0	1	100.0	7	100.0	12	100.0

현행 라이선스 계약과정에서의 문제점과 관련하여 질문 하였던바 응답 결과는 다음의 <표 29>와 같다. 1순위부터 3순위까지의 응답 분석 결과에 대해 1순위의 가중치는 3, 2순위의 가중치는 2, 그리고 3순위의 가중치는 1로 계산하였다.

<표 29> 현행 라이선스 계약 과정에서의 문제점

(우선순위 응답)

	대 학		연구소		대행사		전 체	
	빈 도	백분율	빈 도	백분율	빈도	백분율	빈 도	백분율
관련 법률지식의 부족	48	26.8	17	16.8	6	20.7	71	23.0
라이선스 협상 기술 부족	16	8.9	13	12.9	5	17.2	34	11.0
업무 과다로 인한 시간 부족	22	12.3	18	17.8	2	6.9	42	13.6
라이선스 지침 부재	58	32.4	29	28.7	3	10.4	90	29.1
라이선스 계약 사례 부족	35	19.6	24	23.8	13	44.8	72	23.3
문제점이 없음								

위의 <표 29>에서 보는 바와 같이 대학도서관은 라이선스 지침의 부재가 가장 높은 비율을 보였으며 관련 법률지식의 부족이 두 번째 문제점으로 제시되었다. 연구소 및 병원도서관의 경우 역시 라이선스 지침의 부재가 가장 큰 문제점으로 제시되었으며 라이선스 계약 사례에 대한 정보 부족이 두 번째 주요 문제점으로 제시되었다. 대행사의 경우에는 이와 달리 라이선스 계약 사례에 대한 정보 부족을 가장 큰 문제점으로 지적하였고 관련 법률지식의 부족을 두 번째 문제점으로 지적하였다. 라이선스 지침의 부재를 문제점으로 지적한 경우는 3곳으로 10.4%의 비율을 보였다. 이렇게 도서관측에서는 라이선스 지침의 부재가 가장 큰 문제점이었으나 대행사의 경우에는 이에 대한 문제점 인식이 상대적으로 약한 이유는 앞서 <표 21>에서 본 바와 같이 절반에 해당하는 대행사가 이미 라이선스 지침을 지니고 있기 때문인 것으로 분석된다.

4.3.2 라이선스 주요 조항에 대한 조사 결과 분석

라이선스 조항 중 라이선스 대상 이용자의 범위에 대한 응답 결과는 다음의 <표 30>과 같다. 대학도서관과 연구소 및 병원도서관, 그리고 대행사 모두 등록된 학생, 직원, 교수진의 교내 이용 및 원격 이용 즉 교외 이용까지 허용하는 라이선스를 가장 선호하는 것으로 나타났다. 교외 이용 및 방문 이용자도 포함하는 것이 좋다는 의견은 각각 31.4%, 38.9%, 44.4%로서 두 번째로 높은 지지율을 보여주었으며 등록된 학생, 직원, 교수진의 교내이용만을 허용하는 경우에 대해서는 각각 8.6%, 11.1%, 11.1%라는 상대적으로 저조한 비율을 보여주고 있다.

<표 30> 바람직한 이용자의 범위

	대 학		연구소		대행사		전 체	
	빈 도	백분율	빈 도	백분율	빈 도	백분율	빈 도	백분율
등록된 학생, 직원, 교수진의 교내이용	3	8.6	2	11.1	1	11.1	6	9.7
교외 이용도 포함	21	60.0	9	50.0	4	44.4	34	54.8
교외 이용 및 방문 이용자 이용도 포함	11	31.4	7	38.9	4	44.4	22	35.5
합 계	35	100.0	18	100.0	9	100.0	62	100.0

인증된 이용의 범위에 포함되어야 한다고 생각하는 조항을 복수 선택하도록 한 질문의 응답 결과는 다음의 <표 31>과 같다.

<표 31> 바람직한 이용의 범위

(복수응답 허용)

	대 학		연구소		대행사		전 체	
	빈 도	백분율	빈 도	백분율	빈 도	백분율	빈 도	백분율
인증된 이용자의 교내 이용	23	67.6	13	72.2	7	77.8	43	70.5
인증된 이용자의 교내 및 교외 이용	31	91.2	13	72.2	6	66.7	50	82.0
출력 형태로 도서관 상호 이용 가능	16	47.1	9	50.5	2	22.2	27	44.3
디지털 파일 형태로 도서관 상호 이용 가능	15	44.1	8	44.4			23	37.7
점자에 의한 복제	1	2.9	4	22.2	2	22.2	7	11.5
강의용 편집 교재 제작	8	23.5	8	44.4	4	44.4	20	32.8
출력 상태로 백업 복제	6	17.6	6	33.3	2	22.2	14	23.0
디지털 아카이브	22	64.7	12	66.7	1	11.1	35	57.4

위의 <표 31>에서 보는 바와 같이 도서관측과 대행사측 공히 인증된 이용자의 교내외 이용에 대해서는 67%에서 90% 사이의 높은 지지율의 보였으나 디지털 아카이브의 경우에는 도서관측이 60% 이상의 높은 지지율을 보인 데 반해 대행사측은 11.1%의 낮은 지지율을 보이고 있어 대조적이다. 이러한 시각 차이는 도서관 상호 이용에서도 나타나고 있다. 출력하여 인쇄 형태로 도서관 상호 이용하는 경우에 대해 도서관측은 50%에 가까운 지지율을 보인 데 반해 대행사측은 22.2%의 지지율만을 보이고 있으며 특히 디지털 파일 형태

로 도서관 상호 이용하는 경우에는 도서관측이 **44%**의 지지
율을 보인 데 반해 대행사측은 전혀 지지하지 않는 것으로
나타났다.

도서관 상호 이용 및 아카이브 방식에 있어 도서관측과 대
행사측의 시각 차가 큰 것을 보았는데 그러면 바람직하다고
여기는 도서관 상호 이용 및 아카이브 방식은 무엇인지를 알
아보았다. 먼저 바람직한 도서관 상호 이용 방식에 대한 응
답 결과는 다음의 <표 32>와 같다.

<표 32> 바람직한 도서관 상호 이용 방식

	대 학		연구소		대행사		전 체	
	빈 도	백분율	빈 도	백분율	빈 도	백분율	빈 도	백분율
인쇄형태로 출력 후 타 도서관에 배포	12	34.3	2	11.1	3	33.3	17	27.4
디지털 파일로 타 도서관에 보안전송 후 전송 받은 도서관에서 출력 완료 즉시 파일 삭제	21	60.0	13	72.2	2	22.2	36	58.1
도서관 상호 이용 불가	2	5.7	3	16.7	4	44.4	9	14.5
합 계	35	100.0	18	100.0	9	100.0	62	100.0

위의 <표 32>에서 보는 바와 같이 도서관측은 **60%** 이상이
디지털 파일로 타 도서관에 보안 전송을 하고 전송 받은 도
서관에서 해당 파일을 출력하면 그 즉시 해당 파일을 삭제하

156

는 방식을 선호하는 것으로 나타났다. 도서관 상호 이용이 불가한 경우에 대해서는 대학도서관이 5.7%, 연구소 및 병원 도서관이 16.7%만이 지지하는 것으로 나타났다. 반면에 대행사의 경우에는 도서관 상호 이용 불가를 지지하는 비율이 44.4%이며 도서관 상호 이용을 지지하는 경우에도 인쇄 형태로 출력하여 타 도서관에 배포하는 방식에 대한 지지율 (33.3%)이 디지털 파일 형태로 보안 전송하였다가 출력 후 파일 삭제하는 방식의 지지율(22.2%)보다 더 높은 것으로 나타났다.

한편 바람직한 아카이브 방식에 대한 응답 결과는 다음의 <표 33>과 같다.

<표 33> 바람직한 아카이브/보존 방식

	대 학		연구소		대행사		전 체	
	빈 도	백분율	빈 도	백분율	빈 도	백분율	빈 도	백분율
도서관이 출력물로 보존								
출판사 혹은 제3자가 아카이브 하되, 도서관에 영구 라이선스 제공	6	18.8	7	38.9			13	22.0
도서관이 디지털 아카이브 유지	9	28.1	5	27.8	4	44.4	18	30.5
국가적인 차원의 "중앙 아카이브"	17	53.1	6	33.3	4	44.4	26	45.8
국가적인 차원의 "분산 아카이브"					1	11.1	1	1.7
합 계	35	100.0	18	100.0	9	100.0	62	100.0

위의 <표 33>에서 보는 바와 같이 도서관측과 대행사측 공히 도서관이 출력물 형태로 아카이브 하는 방식에 대해서는 전혀 지지하지 않는 것으로 나타났다. 대학도서관의 경우에는 국가적인 차원의 "중앙 아카이브"에 대한 지지율이 53.1%로 가장 높았으며 도서관이 직접 디지털 아카이브를 하는 경우의 지지율이 28.1%로 그 다음으로 높았고 그 뒤를 이어 출판사 혹은 제3자가 아카이브를 유지하되 도서관에 영구 라이선스를 부여하는 방식이 18.8%의 비율을 보이고 있다. 연구소 및 병원도서관의 경우에는 영구 라이선스 방식에 대한 지지율이 38.9%로 가장 높았으며 그 다음이 국가적인 차원의 중앙 아카이브 방식으로 33.3%, 도서관이 직접 디지털 아카이브 하는 방식에 대해서는 27.8%의 지지율을 보였다.

이렇게 대학도서관의 경우에는 국가적인 차원의 아카이브가 아니라면 도서관이 직접 아카이브 하는 방식을 더 선호하는 반면에 연구소 및 병원도서관에서는 도서관 자체의 아카이브보다 영구라이선스 방식이나 국가적인 차원의 아카이브를 더욱 선호하는 것은 도서관의 유형에 따른 기능상의 차이가 원인인 것으로 분석된다. 즉 대학도서관은 지금까지 아카이브 기능이 고유의 기능으로 인식되어 왔으나 연구소 및 병원도서관의 경우에는 최신의 정보를 이용자에게 신속하게 제공하고자 하는 기능에 초점을 두고 있기 때문이라는 분석이 가능하다. 또한 연구소 및 병원도서관의 경우에는 디지털 아카이브를 유지할 수 있는 장비 및 인력이 부족하다는 점도 그 한 원인으로 분석된다. 끝으로 라이선스상에 반드시 명시되어야 할 조항들에 대한 응답 결과는 다음의 <표 34>에 나타난 바와 같다.

<표 34> 반드시 명시되어야 할 라이선스 조항

(복수응답 허용)

	대 학		연구소		대행사		전 체	
	빈 도	백분율	빈 도	백분율	빈 도	백분율	빈 도	백분율
비인증 이용자의 법적 위반에 대한 라이선시 면책	17	50.0	11	61.1	3	37.5	31	51.7
인쇄 형태 저널 발행과 거의 동시에, 혹은 더 이전에 전자저널 이용 가능	26	76.5	11	61.1	4	50.0	41	68.3
계약 해지가 가능한 경우에 대한 명시	23	67.6	14	77.8	8	100.0	45	75.0
이용 데이터의 제공	25	73.5	13	72.2	8	100.0	46	76.7
인증되지 않은 디지털 복제의 금지	18	52.9	10	55.6	7	87.5	35	58.3
상업적 이용의 금지	22	64.7	10	55.6	8	100.0	40	66.7
라이선스 자료의 수정, 조작, 혹은 이로부터 파생된 저작물 제작의 금지	19	55.9	10	55.6	7	87.5	36	60.0
라이선스 자료로부터 저작권이나 지적재산권 관련의 문구 제거 금지	14	41.2	7	38.9	7	87.5	28	46.7

위의 <표 34>에서 보는 바와 같이 계약 해지가 가능한 경우에 대한 명시 및 이용 데이터의 제공은 도서관측과 대행사측 모두 67.6%에서 100.0% 사이에 해당하는 높은 지지율을

보였다. 그러나 도서관측에 유리한 조항과 대행사측에 유리한 조항에 대해서는 역시 시각 차이를 보여주고 있는데 먼저 도서관측에 유리한 조항인 비인증 이용자의 법적 위반에 대한 라이선시의 면책 조항에 대해 도서관측은 50% 이상의 지지율을 보였으나 대행사 측은 37.5%의 비율로서 대행사측의 응답 중 가장 낮은 지지율을 보이고 있다. 납기일과 관련하여 인쇄 형태 저널 발행과 거의 동시에, 혹은 더 이전에 전자저널을 이용할 수 있도록 해야 한다는 조항의 경우 대학도서관은 가장 높은 가장 높은 지지율인 76.5%를 보였으나 대행사의 경우에는 50.0%로서 대행사측의 지지율 중 두 번째로 가장 낮은 지지율을 보이고 있다.

4.4 소 결

도서관과 대행사를 대상으로 실시한 설문지 조사 결과를 요약하면 다음과 같다.

첫째, 라이선스 지침의 유무나 법률적인 자문의 절차 유무, 직원들에 대한 관련 교육의 유무 등의 면에서 볼 때, 도서관은 효율적인 라이선스 계약에 필요한 여건이 마련되어 있지 않은 것으로 판단된다. 도서관의 상황과 비교할 때 오히려 대행사 측의 경우가 라이선스 계약에 필요한 여건이 더 잘 갖추어져 있는 것으로 나타났다.

둘째, 직원들에 대한 라이선스 관련 교육 내용으로는 전자저널 웹 **DB** 이용법 및 저작권법에 대한 요구가 가장 큰 것으로 나타났다. 라이선스는 계약법에 기반하고 있음에도 불구하고 대학도서관을 제외하고는 계약법에 대한 교육의 필요성은 그다지 부각되지 않았다.

셋째, 도서관과 대행사 간에 분쟁 사례가 있긴 하였으나 모두 쌍방 간의 합의하에 해결되었으며 분쟁원인은 크게 계약 위반에 해당하는 이용에 따른 분쟁과 서비스 제공의 일시적 중지로 인한 분쟁으로 대별되었다.

넷째, 현행 라이선스 계약 과정에서의 문제점으로 도서관은 라이선스 지침 혹은 매뉴얼의 부재가 가장 높은 비율을 보인 반면, 대행사의 경우에는 라이선스 사례의 부족이 가장 높은 비율을 보였다. 도서관의 경우에는 라이선스 지침을 보유한 곳이 한 곳도 없으나 대행사의 경우에는 절반의 비율에 해당하는 곳이 이미 라이선스 지침을 보유하고 있기 때문에 이러한 차이가 나타난 것으로 분석된다.

넷째, 이용자의 범위와 관련하여 등록된 학생, 직원, 교수진의 교내외 이용을 허용하는 방식이 가장 높은 비율을 보였으며 그 다음으로 방문 이용자까지 포함하는 방식이 선호되었다.

다섯째, 인증된 이용의 범위와 관련해서는 디지털 아카이브 및 디지털 파일 형태의 도서관 상호 이용 부문에서 도서관과 대행사 간의 시각 차이가 가장 큰 것으로 나타났다.

여섯째, 도서관 상호 이용과 관련하여 도서관은 디지털 파일 형태로 타 도서관에 전송 후 출력과 더불어 파일을 삭제하는 방식에 대한 선호도가 60% 이상의 높은 비율을 보인 반면, 대행사는 이러한 방식에 대해 22%만이 지지하고 있으며 44%의 비율에 해당하는 곳은 도서관 상호 이용 불가의 입장을 지지하는 것으로 나타났다.

일곱째, 디지털 아카이브와 관련해서는 도서관과 대행사 어느 쪽도 도서관이 출력물 형태로 직접 아카이브 하는 방식에 대해서는 선호하지 않았으나 각 도서관별로 선호하는 방식에는 큰 차이를 보이고 있다. 대학도서관은 국가적인 차원에서의 "중앙 아카이브" > 도서관이 직접 디지털 파일 형태로 아카이브 > 출판사 혹은 제3자가 디지털 아카이브를 유지하되 도서관에 영구 라이선스 제공하는 방식의 순으로 지지하는 것으로 나타났다. 연구소 및 병원 도서관의 경우에는 영구 라이선스 방식 > 국가적인 차원의 "중앙 아카이브" > 도서관이 직접 디지털 아카이브 하는 방식의 순으로 지지하는 것으로 나타났다. 대행사의 경우에는 국가적인 차원의 "중앙 아카이브" 방식과 도서관 자체의 디지털 아카이브 방식에 대해 동일한 비율로 지지하는 것으로 나타났으나 출판사 혹은 제3자에 의한 디지털 아카이브 유지 및 영구 라이선스 제공에 대해서는 전혀 지지하지 않는 것으로 나타났다.

여덟째, 라이선스상에 명시되어야 할 조항과 관련하여 라이선시에 해당하는 도서관은 라이선시에 유리한 조항들, 즉 비인증 이용자의 법적 위반에 대한 라이선시 면책 조항, 인쇄 형태 저널 발행과 거의 동시에 혹은 더 이전에 전자저널의 이용이 가능해야 한다는 납기일 조항 등에 대해 높은 비율로 지지한 반면 라이선서에 해당하는 대행사는 역시 라이선서에 유리한 조항들, 즉 인증되지 않은 디지털 복제의 금지, 라이선스 자료의 수정이나 조작, 파생물 제작의 금지 조항 등에 높은 비율을 보여주었다. 양측 모두가 높은 비율로 지지한 조항은 계약해지가 가능한 경우에 대한 조항 및 이용 데이터의 제공과 관련한 조항이다.

위에서 살펴본 바와 같이 라이선시와 라이선서 간에는 추구하는 계약 조건에 분명 차이가 있다. 이러한 차이를 극복하여 쌍방이 만족할 수 있는 계약을 성사시키기 위해서는 계약과 관련한 충분한 지식과 협상 기술, 그리고 효율적인 라이선스 계약을 위한 지침과 계약모델이 필요할 것이다.

5. 대학도서관을 위한 전자저널 라이선스 계약모델 개발

앞서 제3장에서의 라이선스 계약모델 사례 분석 결과와 제4장에서의 라이선스 계약당사자들에 대한 설문지 조사 결과를 바탕으로 하여 이 장에서는 대학도서관의 전자저널 이용계약을 위한 라이선스 계약모델을 개발하였다.

5.1 계약모델 개발을 위한 단계별 개발 원칙

대학도서관을 위한 전자저널 라이선스 계약모델 개발에 있어 본 연구가 설정한 단계별 개발 원칙은 다음과 같다.

1) 라이선스 계약모델의 기본구조 및 핵심조항은 앞서 3.3의 <표 19>에서 종합한 라이선스 기본구조 및 핵심조항에 근거하여 작성하였다.

2) 각 조항마다 구체적인 계약 조건 혹은 내용은 앞서 4.3에서의 설문지 조사 결과를 바탕으로 작성하였다. 즉, 설문지 조사 결과에서 종합적으로 가장 높은 비율을 보인 계약 조건 및 내용을 선정하여 각 조항을 작성하였다. 그러나 특정 계약 조건 혹은 내용에 대한 선호도가 뚜렷한 큰 차이를 보이지 않은 채 둘 이상의 계약 조건 혹은 내용에 대해 유사한 선호도를 보이는 경우에는 이들 계약 조건 혹은 내용을 함께 제시해 두고 쌍방 간의 합의에 따라 선택적으로

명시할 수 있도록 하였다.

3) 또한 현행 국내 라이선스 계약은 주로 컨소시엄의 형태로 이루어지고 있는 바, 본 연구의 계약모델은 단일 도서관이 출판사 혹은 대행사와 직접 계약을 체결하는 형태와 컨소시엄 계약 형태 양쪽 모두를 고려하여, 각 계약 형태에 따라 선택적으로 명시할 수 있도록 하였다.

4) 각 조항 작성시에는 조항의 단어 하나 문구 하나가 법적으로 중요한 의미를 갖는 점을 고려하여, 본 연구의 모델 분석에서 제시된 단어와 문구에 대한 분석 결과 및 계약서 작성과 관련한 여타 연구를 참조하여 하나하나의 조항 단어와 문구를 결정하였다.

5) 계약의 특성상 이해관계가 서로 다른 쌍방 간의 합의에 따라 계약이 이루어짐을 감안하여 가능한 한 라이선시와 라이선서 양측의 입장을 동등하게 고려하고자 하였다. 즉 어느 일방에게 유리한 라이선스를 개발하기보다 쌍방의 입장이 동등하게 고려된 합리적인 계약 조건 및 내용을 명시하였다.

6) 라이선시와 라이선서 간의 이해관계가 크게 상치되는 사안과 관련되는 조항에서는 쌍방 간의 협상 결과에 따라 선택적으로 택할 수 있도록 예상 가능한 조항들을 나열하는 방식을 택하였다. 예를 들면 도서관 상호 대차와 같이 도서관측 입장과 대행사 측 입장이 크게 상반되는 경우에는 인쇄 형태의 복제본뿐만 아니라 전자적 형태의 복제본까지도 허용하는 라이선스 조항, 인쇄 형태의 복제본만을 허용하는

조항, 그리고 도서관 상호 대차를 전혀 허용하지 않
는 조항 등을 모두 제시해 두고 이 중에서 쌍방의
협의 여하에 따라 선택할 수 있도록 하였다.

7) 쌍방이 만족할 수 있는 라이선스 개발에 중점을 두
었으나 근본적으로는 가능한 한 공정 이용의 확대
방향에 초점을 두었다.

8) 1차 계약모델 완성 후 법률가의 자문을 받도록 하였
다. 이를 위해 국내 P법무사무소의 자문을 구하였고,
이에 따라 라이선스 계약모델의 구조 및 용어에 대
한 수정을 가한 후 최종 계약모델을 확정하였다.

5.2 대학도서관 전자저널 라이선스 계약모델

계약모델의 구성은 <표 8>에서 설정된 기본구조에 따라 1) 전
문, 2) 용어의 정의, 3) 합의사항, 4) 허락된 이용, 5) 금지된 이
용, 6) 대금 지불, 7) 라이선서의 보증 및 책임, 8) 라이선서의
이행의무, 9) 라이선시의 이행의무, 10) 쌍방에 의한 이행의무,
11) 계약기간 및 해지, 12) 총칙으로 구성되어 있다. 각 기본
구조에 해당하는 조항들을 먼저 제시한 후 조항의 설정 근거
및 해석을 제시하는 형식으로 이루어져 있다.

1) 전 문

(라이선시의 명칭)(이하 "갑"이라 한다)과 (라이선서의 명칭)(이하 "을"이라 한다)은 다음의 요강 및 첨부의 계약일반조건에 따라 계약(이하, 모두 "본 계약"이라 한다)을 체결하고 신의에 따라 성실히 계약상의 의무를 이행할 것을 확약하며, 이를 증명하기 위하여 이 계약서를 2통 작성하여 당사자가 서명 또는 기명 날인한 후 각 1통씩 보관하기로 한다.

다 음

계약명:
계약금액:
계약보증금: {주기: 이는 국내 계약의 경우에 해당한다}
지체상금률: {주기: 이는 국내 계약의 경우에 해당한다}
계약기간:
기타사항:

첨부 서류: 1. 계약일반조건
       별표 1: 인증된 이용자(이하 "별표 1"이라 한다)
       별표 2: 라이선스 자료 및 접근 방식(이하 "별표 2"라 한다)
       별표 3: 대금지불내역 및 지불일정(이하 "별표 3"이라 한다)
       별표 4: 이용자 데이터(이하 "별표 4"라 한다)
       별표 5: 요청 이용 데이터(이하 "별표 5"라 한다)

20   년   월   일

(갑) : 라이선스 이용기관

(인)

(을) : 라이선스 제공기관

(인)

전문은 통상 계약일자, 계약당사자, 설명조항으로 이루어진다. 설명조항에는 당사자가 계약 체결에 이른 경위나 당사자의 목적, 즉 주된 계약의 내용에 대한 개요를 기재하는 것이 관례이다. 본 계약모델에서는 계약당사자가 누구이며 계약내용이 어떠한 것인가를 밝히는 부분으로서, 계약에 의해 무엇이 이루어질 것인지에 대한 간략한 개요를 밝히고 있다. 또한 본 계약은 앞으로 기술되는 "요강"과 첨부의 "계약문서"로 구성되어 있음을 밝히고 있다.

당사자 쌍방의 "신의에 따라 성실히" 계약상의 의무를 이행한다는 신의칙 조항을 명시하였다. 이는 법적으로는 그다지 의미가 없는 관용적 조항이긴 하나 민법 제2조 제1항에서도 "권리의 행사와 의무의 이행은 신의에 좇아 성실하게 하여야 한다"고 신의칙을 규정하고 있어, 분쟁이 생기는 경우 법적인 수단을 강구하기 이전에 당사자 쌍방 간의 협의를 먼저 유도하는 것이 바람직하다는 판단하에 이러한 신의칙 조항을 명시하였다.

요강에는 계약명, 계약일자, 계약금액, 계약보증금, 지체상금률, 계약기간 및 기타사항을 명시하도록 하였다. 계약보증금과 지체상금률은 국내 계약의 경우에 한하는 것이다. 기타사항에는 인증방식에 대한 명시 등을 포함할 수 있다.

요강에 이어 다음과 같은 계약일반조건이 오게 된다.

① 용어의 정의

계약일반조건

{주기: (1) 쌍방의 합의에 의해 결정되어질 부분들에 대해서는 선택 가능한 조항들을 ([]) 괄호로 묶어 나열하였다. 쌍방의 합의 결과에 따라 하나 혹은 하나 이상의 적절한 조항을 선택하여 명시하도록 한다.
(2) 컨소시엄의 경우 "갑"이라 함은 컨소시엄 및 컨소시엄 회원을 의미한다.}

제1조 (용어의 정의)

① 이 계약에 있어 사용하는 용어들의 의미를 다음과 같이 규정한다.

1. (인증된 이용자) "갑"의 현 교수진(전임, 객원, 연구교수 및 시간강사 포함), 직원, 그리고 "갑"에 등록을 하고 있는 학생으로서, "갑"의 교내 및 이들이 근무하거나 연구하는 여타 장소로부터 보안 네트워크에 접근할 수 있도록 허용되어 "갑"에 의해 패스워드나 여타 인증을 받은 자.

2. (방문 이용자) 인증된 이용자 이외의 사람으로서 "갑"의 도서관이나 정보 서비스를 이용하고 보안 네트워크에 접근할 수 있도록 허락된 사람을 의미하며 필히 "갑"의 도서관내 단말기를 통하여 이용하는 경우에 한한다.

3. (상업적 이용) 판매, 재판매, 대여, 전송, 고용 혹은 여타 이용 형태를 통해 금전적인 보상을 추구하는 라이선스 자료의 이용.

4. (강의용 편집교재) 교육을 목적으로 강의 시간에 학생들이 이용할 수 있도록 "갑"의 교직원이 편집한 자료.

5. (전자적 보존) "갑"이 그 학생에게 제공하는 특정 교육 과정과 연계되어 그 학생에 의해 이용되어질 수 있도록 "갑"이 보안 네트워크에 제작하여 저장해 놓은 전자 복제물.

6. (대금) "별표 3"에 설정된 금액으로 쌍방 간의 합의에 의해 때에 따라 달라질 수 있다.

7. (라이선스 자료) "별표 2"에 설정된 데이터베이스와 라이선스 소프트웨어로서 쌍방 간의 합의에 의해 수정되어질 수 있다.

8. (지불 일정) "별표 3"에 설정된 대금 지불 일정.

9. (구내) "별표 4"에 설정된 바와 같이 IP주소를 갖고 있는 컴퓨터가 설치되어 있는 "갑"의 물리적 구내.

10. [("을"의 대행사) "을"과 "을"의 대행사 간의 합의에 따라 "을"을 대행하도록 "을"에 의해 지명된 제3자로서, "을"을 대행하여 라이선스를 수행하고 본 계약하에 놓인 "을"의 여하한 모든 의무를 이행하게 된다.]

11. (보안 네트워크) 로그인 시점에서 "갑"에 의해 허락된 인증된 이용자 및 방문 이용자에 의해서만 접근 가능하며 이들의 수행이 "갑"에 의해 규제되어지는 네트워크.

12. (서버) "을"의 서버이든 제3자의 서버이든 "을"에 의해 지정된 서버로서 라이선스 자료가 탑재되어 접근되어지는 서버.

13. (이용 데이터) "별표 5"에 명시된 데이터 및 보고 사항.

주기에 밝힌 바와 같이 본 연구의 결과물로 제시되는 라이선스 계약모델은 기본적으로 단일 도서관이 출판사 혹은 대행사와 직접 계약을 체결하는 경우와 컨소시엄 형태의 계약을 모두 고려하여 작성되었다. 그리고 협상 결과에 따라 다양한 조건으로 계약이 이루어질 수 있는 사안과 관련된 조항에서는 예상 가능한 계약 조건들을 나열해 둠으로써 선택할 수 있도록 하였다.

우선 계약일반조건의 제1조는 용어 정의로 시작된다. 정의 부분은 단어의 정확한 사용을 위해 계약서상에 나타나는 용어들에 대한 규정을 담고 있는 부분이다. 법적 문건은 정확한 단어 사용을 요하기 때문에, 개념이 복잡하다거나 짧은 문구를 설명하는데 다소 시간이 걸릴 수 있는 개념인 경우, 이를 명확히 하기 위한 단어를 선정하여 명시하게 된다. 흔히 사람들이 해석 조항은 크게 신경 쓰지 않는 경향이 있지만 이들 조항을 소홀히 않는 것이 중요하다. 정의를 위한 의미 규정에서의 미묘한 차이가 계약 전반에 걸쳐 상당한 영향을 미칠 수 있기 때문이다.

본 연구에서는 앞서 3.1절에서 제시되었던 <표 2>~<표 6>의 용어들 중에서 본 계약모델 내용에 포함되어 있는 용어들을 선정하여 각각에 대한 용어 정의를 제시하였다.

② 합의 사항

제2조 (계약의 목적)

① 이 계약에 의해 "을"은 "갑"의 인증된 이용자가 어디에 있든 보안 네트워크를 통해 연구, 교수, 사적 연구 및 관리적 이용을 위한 목적으로 별표 2에서 명시된 라이선스 자료 및 접근 방식의 이용을 통해 라이선스 자료로 접근할 수 있는 권리를 허용하는 비배타적이며 비양도성의 권리를 부여한다.

② 이 계약은 이 계약일로 시작되며, 계약 내용에 따라 계약 기간 내에 해지되지 않는 경우 20   년   월   일로 자동으로 종료될 것이다.

③ "을"은 본 계약의 종료 후에도 "갑"과 그 인증된 이용자 및 방문 이용자에게 계약 기간 동안 출판되고 대금이 지불된 라이선스 자료에 대한 접근을 제공할 것이다. 이러한 접근은 ["을"이나 "을"이 지정하는 제3자의 서버상의 해당 자료에 대한 지속적인 온라인 접근을 통해서] ["갑"이나 국가적인 차원의 중앙 아카이브 시설로 쌍방에 의해 합의된 전자 매체상의 아카이브 복제본을 제공하는 방식을 통해서] 이루어질 것이다. 어떤 형태이든 지속적인 아카이브 접근 및 이용은 [무료이며] 이 계약 내용 및 조건에 일치하여야 한다.

제2조는 합의 사항을 규정하는 조항이다. 합의 사항은 계약의 핵심이 되는 부분으로서 해당 가격에 제공되는 것이 무엇인지를 요약하고 있는 조항으로서 명확하고 비편파적인 내용으로 구문이 작성되어야 한다. 막연한 요망사항을 나타내

는 구문으로 작성이 된 경우, 이는 구속력을 갖지 못하게 된다. 가장 중요한 것은 라이선시, 즉 도서관이 지불하는 가격에 무엇이 제공되는지를 확실히 명시하는 것이다.

본 계약모델에서는 '합의 사항'이라는 용어를 '계약의 목적'으로 대신하였다. 계약서상에 명시된 모든 조항은 모두 합의 사항에 포함되는 것인데 본 조항에 합의 사항이라고 제목을 붙이는 것은 혼란이 있을 수 있다는 판단하에 더욱 구체적으로 조항의 성격을 나타내는 용어로 대신한 것이다.

우선 제2조의 제1항은 을의 라이선스 자료로 접근할 수 있는 비배타적이며 비양도성 권리를 갑에게 허용하는 것이 본 계약의 목적이며 을이 갑에게 그러한 권리를 양도한다고 하는 계약당사자관계를 분명히 해 두는 조항이다. 라이선스 대상이 되는 전자저널의 목록은 별표 2에서 제시하도록 하였다. 잘못하여 목록에서 누락시키는 것이 있는 경우, 다시 추가 비용을 내고 구매를 해야만 하는 상황이 될 수 있으므로 목록을 확실하게 확인하는 과정이 필요하다.

제2항은 계약 기간에 관한 조항이다. 이 역시 계약의 필수적인 기본 항목이다. 계약 기간은 라이선스 개시와 관련하여 특별한 조항이 없는 경우, 서명이 행해진 일로부터 계약이 시작 된다. 그렇지만 만약의 오해의 소지를 피하기 위해 대개는 이러한 조항을 포함하게 된다. 라이선스 기간은 라이선서가 접근을 제공하고 라이선시가 대금 지불을 해야 하는 기간이다. 라이선스는 라이선스에 대한 근본적인 위반이 있거나 (예를 들어 파산이라든가 일방이 다른 일방에게 경고 기간을 준다든가 하는 사건과 같은 경우) 조기 해지를 인정하는 여타 조항이 있는 경우에만 기간이 끝나기 이전에 해지되

는 것이 가능하다.

라이선스 기간은 쌍방의 결정에 따라 길 수도 있고 짧을 수도 있으며 언제든 갱신이 가능하다. 정확을 기하기 위해서는 기간의 길이보다는 기간일자를 명확하게 밝히는 것이 중요하다.

제3항은 아카이브와 관련된 조항이다. 이 장의 서두에 밝힌 바와 같이 라이선서와 라이선시 양쪽 모두의 입장을 동등하게 고려하고자 노력하되 근본적으로는 공정 이용의 확대에 중점을 두었기 때문에 여하한 방식으로든 아카이브가 유지되고 도서관이 이를 자유롭게 이용할 수 있는 조항들이 되도록 하였다. 단, 설문지 조사 결과에서 살펴본 바와 같이 도서관과 대행사 간에는 분명한 입장의 차이가 있었으며 도서관 내에서도 대학도서관과 연구도서관 간에는 의견에 차이가 있었던 바, 아카이브와 관련되는 본 조항에서는 협상을 통해 선택할 수 있도록 협상 가능한 계약 조건들을 제시하였다.

③ 허락된 이용

제3조는 허락된 이용을 규정하고 있다. 라이선스 자료로 라이선시인 도서관이 무엇을 할 수 있는지를 결정짓는 조항이다. 라이선시 혹은 라이선시의 인증된 이용자가 라이선스 자료로 할 수 있기 바라는 모든 이용권을 여기에 나열하는 것이다. 이 조항에서 언급되지 않은 사항은 라이선스를 놓고 다시 협상을 벌이거나 또 다른 라이선스를 통해 별도의 권리를 계약하지 않는 한 허락되지 않을 것이다. 이러한 이용권의 목록은 선택 여하에 따라 짧을 수도 있고 길 수도 있으며

이는 라이선시가 어느 정도를 지불할 수 있는지에 달려 있다.

제1항은 갑, 즉 도서관에 허용되는 이용의 범위를 명시하는 것이고 제2항은 갑의 인증된 이용자 및 방문 이용자에게 허용되는 이용의 범위를 명시한 것이다. 본 연구에서는 이용자의 범위에 관한 설문지 조사 결과에 따라 가장 많은 선호도를 보인 인증된 이용자의 교내외 이용, 즉 보안 네트워크를 통해 사적 이용을 위한 라이선스 자료의 탐색, 열람, 검색, 디스플레이, 다운로드, 출력이 가능하도록 하였다. 그리고 인증된 이용자 이외에 방문 이용자의 이용 역시 적지 않은 선호도를 보였던 방문 이용자 역시 이용의 범위에 포함시키는 조항을 선택할 수 있도록 제시하였다.

제3조 (허락된 이용)

① "갑"은 아래의 제6조에 따라 다음 각 호와 같이 라이선스 자료를 이용할 수 있다.

1. 인증된 이용자 및 방문 이용자에 의해 라이선스 자료가 효율적으로 이용되는 데 필요한 바에 따라 캐싱을 수단으로 하여 라이선스 자료의 일부를 자관 서버에 전자적으로 복제해둘 수 있다.

2. 인증된 이용자 및 방문 이용자는 서버로부터의 보안 네트워크를 통해 라이선스 자료의 통합 저자명, 논문명, 키워드 색인을 포함하는 라이선스 자료로의 접근을 허용할 수 있다.

3. 개별 인증된 이용자의 요청에 따라 단일 논문의 인쇄 복제본 혹은 전자 복제본 1부를 제공할 수 있다.

<blockquote>

4. 인증된 이용자의 내부 마케팅이나 테스팅 혹은 연수를 목적으로 라이선스 자료를 디스플레이 하거나 다운로드 하거나 출력할 수 있다.

② 아래의 제6조에 따라 인증된 이용자[및 방문 이용자]는 다음 각 호에 해당하는 이용을 할 수 있다.

1. 라이선스 자료를 탐색, 열람, 검색 및 디스플레이 할 수 있다.

2. 사적 이용을 위해 라이선스 자료의 일부를 전자적으로 저장할 수 있다.

3. 라이선스 자료의 일부를 한 부 출력할 수 있다.

4. 라이선스 자료의 개별 논문 혹은 아이템의 복제본 1부를 인쇄 형태 혹은 전자 형태로 여타 인증된 이용자에게 배포할 수 있다.

5. 이 계약에서의 어느 것도 인증된 이용자 및 방문 이용자의 저작물 이용과 관련하여 (합의관할) 저작권법에 따라 부여된 라이선시의 법적 권리를 배제하거나 수정하거나 영향을 미치지 않을 것이다.

</blockquote>

제3항은 저작권법하에서의 권리 명시 조항이다. 공정 이용의 범위가 제한되지 않도록 하기 위해서는 반드시 이러한 조항을 계약서상에 명시해 두는 것이 필요하다.

이 외에 앞서 <표 19>에서 제시되었던 허락된 이용의 범위 중 시각장애인을 위한 점자에 의한 복제는 설문지 조사 결과 11%의 저조한 선호도를 보인 바, 허락된 이용의 범위에 포함시키지 않았고, 도서관 상호 이용 및 강의용 편집교재와 관련한 조항은 일반적인 이용이 아닌 특수한 용도의 이용인 바 다음과 같이 제4조 및 제5조의 독립조항으로 규정하였다.

제4조 (도서관 상호 이용)

① ["갑"은 아래 제6조에 따라 상업적 이용이 아닌 조사연구 혹은 사적 연구를 목적으로 라이선스 자료의 일부에 해당하는 개별 문헌의 전자원본에 대한 인쇄 복제본을 ["갑"과 동일 국가 내] 다른 도서관의 인증된 이용자에게 우편이나 팩스로 [혹은 [Ariel이나 이에 상응하는 보안 전송을 통해] 전자파일 전송 후 전송 받은 도서관에서 해당 파일을 인쇄 후 즉시 삭제시키는 경우에 한해 전자파일 전송의 방식으로] 제공할 수 있다.]
혹은
["갑"은 아래 제6조에 따라 상업적 이용이 아닌 조사연구 혹은 사적 이용을 목적으로 하는 경우 우편이나 팩스 혹은 인터넷이나 그 외의 것을 통한 전자적 송신을 통해 전자자료의 일부에 해당하는 개별 문서의 복제본 1부를 다른 도서관의 인증된 이용자에게 제공할 수 있다.]
혹은
[위 제3조 3항의 규정에도 불구하고 "갑"은 사적 연구나 그 외의 것을 위해 라이선스 자료의 일부에 대한 복제본 한 부를 또 다른 도서관 내 이용자에게 전자적인 수단을 통해 제공할 수 없음을 이해하고 합의한다.]

앞서 도서관 상호 이용 방식과 관련한 설문지 조사 결과인 <표 32>에서 살펴 본 바와 같이 현재 전자저널과 관련한 도서관 상호 이용은 가장 많은 논란이 일어나고 있는 분야 중의 하나인 바, 쌍방 간의 협상결과에 따라 선택적으로 명시

할 수 있도록 가능한 도서관 상호 이용 방식들을 제시해 두었다. 공정 이용의 확대를 원하는 도서관 측의 입장에서는 기본적으로 도서관 상호 대차가 이루어지는 것이 바람직하겠으나 대행사 측의 입장에서는 **44%**에 달하는 적지 않은 비율이 도서관 상호 이용 불가의 입장을 표명하고 있어 이 역시 배제하지 않고 선택 가능한 조항으로 포함시켰다.

제5조 (강의용 편집 교재 및 전자적 보존)

① ["갑"은 아래의 제6조에 따라, "갑"의 기관에서 행해지는 비상업적 교육 과정에서 "갑"의 인증된 이용자가 이용할 수 있도록 하기 위해 인쇄 형태의 강의용 편집교재 [및 전자적 보존 형태]로 라이선스 자료의 일부를 취합할 수 있다. 이들 자료에는 발췌되는 저작물의 서명, 저자명, 출판사명 등의 출처를 적절하게 밝히도록 한다. 이들 자료가 더 이상 그런 목적으로 이용되지 않는 경우에는 "갑"에 의해 삭제되어야 할 것이다.]
혹은
["갑"은 사전에 "을"{혹은 "을"의 대행사}의 서면 허락 없이 [강의용 편집교재] [및] [전자적 예비 장서] 형태의 라이선스 자료의 전부 혹은 어느 일부를 취합할 수 없다. 이런 서면 허락의 경우에는 그런 이용에 대한 추가적인 내용 및 조건이 설정 될 것이다.]

강의용 편집 교재는 허용과 불허의 두 가지 선택 조항을 제시하였다. 허용의 경우에는 저작권법에 따라 인용 저작물의 서지사항을 반드시 밝히도록 명시하였다. 불허의 경우에는 서면 허락을 통해 허락을 받을 수 있는 여지를 남겨 두었다.

④ 금지된 이용

제6조의 제1항은 금지된 이용이며 제2항은 금지된 이용이긴 하나 사전에 을로부터 서면 허락을 득하는 경우 행할 수 있는 이용과 관련한 조항이다.

먼저 제1항은 인증되지 않은 이용의 금지를 명시하는 조항으로서 앞서 <표 19>에서 제시되었던 권리관리정보의 제거 및 변경 금지 및 조직적인 복제의 금지를 명시하고 있다.

제2항은 상업적 이용의 금지, 라이선스 자료의 수정, 조작, 혹은 이로부터 파생물 제작의 금지 등 앞서 <표 19>에서 제시되었던 금지된 이용의 핵심조항들을 포함하고 있다.

제6조 (이용의 금지와 사전협의)

① "갑"이나 인증된 이용자 혹은 방문 이용자 누구도 다음 각 호에 해당하는 이용은 금한다.

1. 저자명 혹은 출판사의 저작권 경고 혹은 여타 라이선스 자료에 나타나 있는 식별 혹은 권리 포기 수단을 제거하거나 변경할 수 없다.

2. 여하한 목적으로든 라이선스 자료의 여러 발췌분을 인쇄 형태 복제본으로 혹은 전자 형태 복제본으로 조직적으로 만드는 웹크롤러와 같은 소프트웨어나 여타 수단을 이용할 수 없다.

3. "을"의 사전 서면 동의 없이, 혹은 "갑"과 "을"이 합의하는 별도의 합의에 따르지 아니하고는, 라이선스 자료의 일부를 서버에 탑재하거나 배포할 수 없다.

② "갑"은 다음 각 호의 어느 것에 해당하는 이용인 경우에는 "을"과의 사전 협의를 거쳐 "을"의 서면 허가를 얻도록 한다.

1. 여하한 상업적 이용을 위해 라이선스 자료의 전부 혹은 일부를 이용하고자 하는 경우

2. 이 계약에 따라 허락된 인증된 이용자가 아닌 다른 누군가에게 라이선스 자료의 전체 혹은 일부를 조직적으로 배포하고자 하는 경우

3. 이 계약에서 허락된 이외에 라이선스 자료, 라이선스 자료에 기초한 저작물, 혹은 이를 여타 다른 자료와 조합한 저작물을 출판하거나 배포하거나 이용하고자 하는 경우

4. 인증된 이용자 및 방문 이용자에게 컴퓨터 화면상에 보이도록 하는 데 필요한 수준 이외에 혹은 이 계약에서 달리 허락되지 않은 방식으로 라이선스 자료를 변경하거나 요약하거나 채택하거나 수정하고자 하는 경우.

⑤ 대금 지불

제7조 (대금 및 그 지급방법)

① 이 계약에서 합의된 "별표 3"의 대금 지불 내역 및 지불 일정에 따라 "갑"은 "을"에게 대금을 지불한다.

제7조는 본 계약이 쌍무계약임을 규정한 것이다. 즉 을은 이용권을 양도하는 의무를 부담하고 갑은 그 대가인 대금을 지급할 의무를 부담한다는 내용을 명시하는 조항이다.

대금 지불 내역 및 지불 일정은 별표로 명시하도록 하였다.

⑥ 라이선서의 보증 및 책임

앞서 <표 19>에서 제시되었던 라이선서의 보증 및 책임에 따라 라이선서의 저작권 및 이용권 보증 및 책임, 시스템의 부정기적 가동시간에 대한 제한 명시, "as it is", 손해배상청구에 대한 책임의 범위 등을 명시하였다.

도서관이 필요로 하는 보증은 해당 출판사가 라이선스 자료에 대한 지적재산권의 소유주이며 라이선스를 허용하는 권리를 지니고 있다는 것이다. 라이선스가 보증에 관한 조항을 담고 있지 않거나 모호한 보증 조항을 갖고 있는 경우, 도서관은 한번은 출판사에게, 그리고 또 한 번은 출판사가 아니면서 지적재산권자임을 주장하는 자에게, 이렇게 두 번 지불을 하는 사태가 생길 수 있다. 이에 따라 라이선서의 저작권 보증은 제1항에, 이용권 보증은 제2항에, 그리고 저작권 및 이용권으로 인한 손해배상청구의 경우 라이선서가 책임을 지며 라이선시는 면책되도록 하는 규정을 제3항에 명시하였다. 단 갑이 초래한 손해배상에 대해서는 을의 면책을 규정하였다.

시스템의 부정기적 가동시간에 대한 제한은 제4항에 규정되어 있다.

제5항은 "as it is"와 관련된 조항이며 제6항과 제7항은 손해배상청구와 관련한 조항이다.

제8조 ("을"의 보증 및 책임의 범위)

① "을"은 본 계약에 따라 이용되는 라이선스 자료가 다른 사람의 저작권 혹은 여타 재산권 혹은 지적재산권을 침해하지 않음을 "갑"에게 보증한다.

② "을"은 본 계약에서 제시하는 바대로 라이선스 자료에 접근하고 이용하는 라이선스를 허락하는 권리를 지니고 있음을 "갑"에게 보증한다.

③ "을"은 "갑"에 의한 이용이 제3자의 저작권 기타의 권리를 침해했다는 이유로 "갑"이 제3자로부터 청구를 받은 경우, "갑"에 의한 여하한 법적 행동으로 인해 생겨나는 여하한 손실, 손해, 비용, 책임 및 경비(합리적인 법적 전문적 비용을 포함하여)에 대해 "갑"을 면책하고 "갑"의 손해배상액 또는 이에 상당하는 합리적인 비용을 "갑"에게 지급을 하여야 한다. "갑"의 면책은 본 계약의 종료 후에 여하한 이유에도 존속되어야 한다. 이 면책은 "갑"에게 귀책사유가 있는 경우에는 그러하지 아니하다.

---

④ ["을"은 서버, "을"의 자체 네트워크, 라이선스 자료를 지원하는 "을"의 인터넷 서비스 제공자에 직접 적용할 수 있는 통산 부정기 가동시간이 일시에   시간 이상,   부터   까지의 기간 동안 누적적으로 12시간을 넘지 않을 것임을 보증한다.]

⑤ 이 계약에서 제시된 이외에 "을"은, 디자인, 라이선스 자료에 담긴 정보의 정확성, 특정 목적을 위한 이용의 타당성 등을 포함하는 것들에 대해서는 여하한 주장이나 보증도 하지 않는다. 라이선스 자료는 '그 상태 그대로' 제공되어진다.

⑥ 이 조 제①항에 제시된 바 이외에는 여하한 상황에서도 "을"은 라이선스 자료를 이용하지 못함으로 인해 생겨나는 여하한 특별한, 우발적인 혹은 결과적인 손해에 대해 "갑" 혹은 인증된 이용자를 포함하는 여타 사람들에게 책임을 지지 않는다.

⑦ "갑"의 손해배상청구에 대한 "을"의 손해배상 누계총액은 손해배상청구가 발생한 기간에 해당하는 계약 기간과 관련하여 이 계약에 따라 "갑"이 "을"에게 지불한 금액을 최고 한도로 한다.

⑦ 라이선서의 이행의무

제9조 (“을”의 이행의무)

① “을”은 다음 각 호에 해당하는 이행의무를 갖는다.

1. “을”은 “별표 3”에 명시된 매체, 포맷 및 일정에 따라 라이선스 자료가 “갑”에게 이용될 수 있도록 해야 한다. “을”은 라이선스 자료에 규격상의 변경이 예상되는 경우 적어도 [30일][60일][90일]일 이전에 이를 “갑”에게 통지해야 한다. 그러한 변경이, 대금, 납기 및 기타의 계약 조건에 영향을 미치는 등의 사유로 “갑”에게 유용하지 않은 것으로 판단되는 경우 “갑”은 그러한 변경을 이 계약의 제12조 제①항 2호에 해당하는 계약 위반으로 간주할 수 있다.

2. “을”은 라이선스 자료가 인쇄 버전의 출판일[이 되기 { }일 이전에] [로부터 { }일 이내에] [보다 늦지 않게] 이용될 수 있도록 모든 합리적인 노력을 해야 한다. 특정 저널의 경우에는 기술적인 이유 등으로 인해 이것이 가능하지 않은 경우, 라이선스 계약 시점에서 그런 저널은 그 이유와 더불어 명시되어야 한다.

3. “을”은 제10조 제1항 3호 따라 “갑”으로부터 정보를 받은 후 30일 이내에 인증된 이용자와 방문 이용자가 라이선스 자료에 접근하는 데 필요한 충분한 정보를 “갑”에게 제공해야 한다.

4. 정기 검진은 라이선스 자료로의 접근 요구가 비교적 낮은 시간대에 이루어지도록 하며 이러한 정기 검진 이외에는 24시간 기준으로 언제나 “갑”과 인증된 이용자에게 라이선스 자료가 이용되도록 한다. 서버 혹은 “을”의 지역 네트워크 혹은 “을”의 인터넷 서비스 제공자에게 직접 적용 가능한 서비스의 중지 혹은 정지의 경우에는 가능한 한 신속하게 라이선스 자료로의 접근을 재개하는 데 필요한 모든 합리적인 노력을 다해야 한다.

② "을"은 언제든지 라이선스 자료로부터 혹은 라이선스 자료로의 타이틀 및 전부 또는 일부 관련 아이템을 취소 혹은 추가 하는 권리를 보유한다. "을"은 "갑"에게 그러한 변경내용에 대해 서면으로 통지해야 한다. 여하한 변경내용이 "갑"에게는 실제적으로 라이선스 자료가 전보다 유용하지 않은 것으로 판단되는 경우 "갑"은 그러한 변경을 이 계약의 제12조 제①항 2호에 따라 실질적인 계약 위반으로 간주할 수 있다.

③ "을"은 이용 데이터를 수집하고 편찬해야 한다.

④ 이용 데이터의 발표가 개별 이용자의 익명성을 보호하고 그 탐색자의 기밀성을 보호하고 사생활 보호에 반하지 않는 경우, "을"은 "갑"의 요청에 따라 "갑"과 관련되는 그러한 이용 데이터를 "갑"에게 밝혀야 한다.

⑤ "을"은 "갑"의 허락 없이는 "갑" 혹은 인증된 이용자 혹은 방문 이용자에 대한 통계적인 이용 정보를 다른 측에 발표하거나 판매해서는 안 된다.

⑥ "을"은 "갑"이 라이선스 자료 및 라이선스 소프트웨어를 사용하는 데 있어 필요한 지원과 교육을 제공해야 한다.

제9조는 앞서 <표 19>에서 라이선서의 이행의무로 제시되었던 조항들이다. 우선 제1항은 라이선시가 라이선스 자료를 이용할 수 있도록 해야 하는 라이선서의 의무를 명시하고 있는 조항이다. 이 중 제1호는 라이선스 자료의 매체, 포맷, 일정과 관련한 조항으로 이는 별표를 통해 구체적으로 명시하도록 규정하였다. 제2호는 납기일과 관련하여 명시하는 조항이며, 제3호는 접근 정보의 제공, 제4호는 정기 검진이 이용 요구가 비교적 낮은 시간대에 실시되어야 함을 밝히는 조항

이다.

제2항은 라이선스 자료의 변경과 관련한 조항으로 라이선스 자료의 변경이 있을 수 있으나 이러한 변경은 라이선시에게 더욱 유용한 방향으로 이루어지는 것에 한하며 혹 이와 반대로 라이선시에게 덜 유용한 것으로 판단되는 경우에는 제12조 1항에 따라 계약 내용을 현실적으로 위반한 것으로 간주할 수 있음을 밝히고 있다.

제3항은 이용 데이터를 수집 및 편찬하여 라이선시에게 제공해야 함을 명시하는 조항이다. 이러한 이용 데이터에 대한 기밀은 유지되어야 하며 사생활 보호법에 따라 처리되어야 함을 제4항과 제5항에서 명시하였다.

제6항은 기술적 지원 및 이용 교육 제공의 의무를 명시하는 조항이다.

⑧ 라이선시의 이행의무

제10조 ("갑"의 이행의무)

{주기: 이 조의 제①항은 컨소시엄 계약인 경우에 해당되는 조항으로서 컨소시엄의 이행의무를 명시한 것이다. 제②항은 컨소시엄 회원의 이행의무를 명시한 것이다. 컨소시엄 계약이 아닌 개별 계약인 경우에는 제②항만을 "갑"의 이행의무로서 명시한다.}

① [컨소시엄은 다음 각 호에 해당하는 이행의무를 갖는다.

  1. 이 계약의 내용 및 조건을 회원에게 알리기 위한 모든 합리적인 노력을 해야 한다.

  2. 컨소시엄이 이 계약 내용과 관련하여 회원의 위반에 대한 정보를 받는 경우 그 즉시 회원과 협의에 들어가 제12조 제⑦항에서 요구되는 바와 같이 30일 이내에 위반을 구제하기 위한 모든 합리적인 노력을 해야 한다. 또한 컨소시엄은 회원과 협의에 들어감과 동시에 "을"에게도 이러한 위반 내용을 통지해 주어야 한다.

  3. 이 계약일자로부터 30일 이내에 제9조 제①항 3호에서의 의무에 따라 라이선스 자료로의 접근을 제공할 수 있도록 하는 충분한 정보를 "을"에게 제공해야 한다. 회원이 그러한 정보에 뚜렷한 변화를 일으킨 경우 컨소시엄은 "을"에게 그러한 변화가 발생하기 늦어도 10일 이전에 통지해 주어야 한다.]

② ［회원은］［"갑"은］ 다음 각 호에 해당하는 이행의무를 갖는다.

1. 인증된 이용자와 방문 이용자에게 라이선스 자료 내의 지적재산권 존중의 중요성을 알리고 그러한 지적재산권을 존중하지 않음으로 인해 ［각 회원이］［"갑"이］ 받게 될 제재를 알려주기 위한 합리적인 노력을 다해야 한다.

2. 인증된 이용자 및 방문 이용자에게 적용되어질 수 있는 이 계약의 내용 및 조건에 대해 이들에게 통지해주고 인증되지 않은 이용이나 본 계약에 대한 여타 위반으로부터 라이선스 자료를 보호하기 위한 절차를 취하기 위한 합리적인 노력을 해야 한다.

3. 인증된 이용자 및 방문 이용자에 의해 이 계약 내용 및 조건이 지켜지는 지 감독하는 합리적인 노력을 해야 한다. 인증되지 않은 여하한 이용이나 여타 위반을 알게 되는 즉시 "을"에게 통지하고 그러한 활동이 중단되는 동시에 향후 재발을 방지하기 위한 행동을 포함하여 모든 합리적이며 적절한 방도를 취하도록 해야 하다.

4. 모든 인증된 이용자와 이들의 접근 정보에 대해 완벽한 최신 기록을 유지하여, "을"이 인증된 이용자에게 이 계약에 따라 라이선스 자료로의 접근을 제공하기 위해 필요로 하는 데이터에 대한 추가, 삭제, 혹은 여타 변경의 세부사항을 제공해야 한다.

5. 인증된 이용자와 방문 이용자만이 라이선스 자료로의 접근이 허용됨을 확실히 하기 위한 합리적인 노력을 다해야 한다.

6. "갑"이나 인증된 이용자에 의한 라이선스 자료 이용과 관련하여 혹은 "갑"이 이 계약과 관련한 의무를 이행하지 못함에 따라 "을"에 의한 여하한 법적 행동으로 인해 생겨나는 여하한 손실, 손해, 비용, 책임 및 경비 (합리적인 법적 전문적 비용을 포함하여)에 대해 "을"의 면책을 보증한다. "갑"이 그런 위반의 사유가 되거나, 알면서도 지원을 하거나, 실제로 위반이 발생한 것을 알게 된 이후로도 그런 위반을 지속적으로 묵과하거나 하지 않는 한 인증된 이용자에 의한 라이선스 내용상의 위반에 대해 "갑"은 책임을 지지 않는다.

제10조는 라이선시의 이행의무를 밝히는 조항으로 이루어져 있다. 주기에 명시한 바와 같이 컨소시엄 형태의 계약인 경우와 개별 도서관이 행하는 계약인 경우를 모두 고려하여 작성하였다.

앞서 <표 19>에서 제시되었던 인증된 이용자의 이용에 대한 라이선시의 관리, 인증에 필요한 정보 제공, 인증된 이용자의 법적 위반에 대한 라이선시의 면책 조항이 포함되어 있다.

제1항의 제1호 및 제2호, 그리고 제2항의 제1호, 2호 및 3호는 인증된 이용자의 이용에 대한 라이선시의 관리 의무를 명시하는 조항으로서 도서관 혹은 그 이용자들이 라이선스 자료나 그 일부를 수정, 변형, 번역하거나 파생 저작물을 만드는 등의 행동으로 저작권이나 여타 재산권을 침해하지 않을 것을 약속하는 조항이다.

그러나 이 경우 도서관은 직접 통제하지 못하는 행동들에 대해서까지 모든 책임을 질 수는 없다. 따라서 인증된 이용자의 법적 위반에 대한 라이선시의 면책 조항을 제2항의 제6호에 명시하였다. 비록 인증 이용자에 의한 침해에 대한 책임까지 도서관이 질 수는 없지만 인증된 이용자의 위반 사항을 알면서도 지속적으로 묵과하거나 지원을 하는 경우, 그리고 그러한 침해에 대해 출판사로부터 통지를 받은 후에도 그러한 위반을 조장하는 경우 도서관은 마땅히 책임을 져야 한다.

인증에 필요한 정보 제공의 의무는 제1항의 제3호 및 제2항의 4호에 명시하였다.

⑨ 쌍방에 의한 이행의무

제11조 (쌍방에 의한 이행)

① 어느 일방이나 상대방의 지적재산권, 기밀 정보 및 재산권을 보호하기 위한 최선의 노력을 다해야 한다.

② "갑"과 "을"은 "갑"과 그 인증된 이용자에 의한 라이선스 자료의 이용과 관련하여 여하한 데이터의 기밀성을 유지할 것을 합의한다. 그러한 데이터는 라이선스 자료와 직접 관련된 목적만을 위해서 이용될 수 있으며 종합된 형태로만 제3자에게 제공될 수 있다. 특정 이용자의 신분과 이용 정보를 포함하는 데이터는 여하한 제3자에게도 제공되어서는 안 된다.

　제11조의 쌍방에 의한 이행 부문 역시 앞서 <표 19>에서 제시되었던 조항인 지적재산권, 및 재산권 보호, 그리고 이용 데이터의 기밀 유지 조항을 포함하고 있다. 제1항이 지적재산권 및 재산권의 보호를 규정하는 조항이고 제2항이 이용 데이터의 기밀 유지 조항이다. 제2항의 문구 중 "종합된 형태"로만 제3자에게 제공될 수 있다는 것은 특정 이용자의 신분이나 이용 정보가 식별되어질 수 있는 데이터가 아니라 이용자 전체에 대한 통계 자료만 제공될 수 있음을 의미한다.

⑩ 계약 기간 및 해지

제12조 (계약 기간 및 해지)

① 제2조 제②항에 따라 자동 갱신이 되는 이외에 이 계약은 다음 각 호에 해당하는 경우 계약 해지가 가능하다.

   1. "갑"이 이 계약에서 제시된 대금 지불을 의도적으로 불이행하고 그러한 불이행을 "을"에 의한 서면 통지가 있은 지 [30일] [60일] 이내에 구제하지 못하는 경우

   2. "을"이 이 계약 내용을 현실적으로 위반하고 "갑"에 의한 서면 통지가 있은 지 [30일] [60일] 이내에 그 위반을 구제하지 못하는 경우

   3. "갑"이 의도적으로 이 계약의 내용을 현실적으로 위반하고 출판사에 의한 서면 통지가 있은 지 [30일] [60일] 이내에 구제하지 못하는 경우

   4. 어느 일방이 지급불능자가 되거나 파산 혹은 이와 유사한 외부 관리에 들어가게 될 경우

② 해지 시점에서 이 조 제③항에 제시된 바와 같이 지속적인 접근이 허용되어질 라이선스 자료와 관련한 의무를 제외하고 쌍방의 모든 권리와 의무는 자동으로 종료된다.

③ 본 계약의 해지 시점에서 "갑"이나 인증된 이용자 및 방문 이용자는 그러한 해지가 "갑"에 의한 계약 위반으로 본 조 제1항 1호 및 3호에서 제시된 바와 같은 구제를 하지 못한 경우에 의한 것을 제외하고는 해지 시점까지, 데이터베이스 컨텐츠를 아카이브 형태로 접근하고 이용할 권리를 보유한다. 이 경우 그러한 지속적인 접근은 그러한 위반이 있기 이전까지 출판된 라이선스 자료에 한해 제공될 것이다.

④ 이 계약의 해지 시점에서 이 조 제①항 1호 및 3호에 명시된 바에 따른 해지인 경우 "갑"은 해지 즉시 라이선스 자료가 인증된 이용자 및 방문 이용자에게 이용되어지도록 하는 것을 중단해야 한다.

⑤ 이 계약의 해지 시점에서 이 조 제①항 2호에 명시된 바에 따른 해지인 경우, "을"은 대금 지불은 되었으나 만료되지 않은 계약 기간에 해당하는 비율의 금액을 "갑"에게 반환해야 한다.

⑥ "갑"이 의도적으로 실제적으로 혹은 지속적으로 이 계약 내용을 위반하고 "을"로부터 통지가 있은 지 30일 이내에 그 위반을 구제하지 못하는 경우, "을"은 "갑"에게 해지 통지를 보냄으로써 이 계약에 따라 "갑"에게 부여한 이용 권리를 해지시킬 수 있다. 해지 통지를 준 시점에서 "을"은 본 계약 기간의 나머지 기간에 대해 라이선스 자료로의 접근을 회원에게 계속하여 제공하지 않을 수도 있다.

⑦ "을"은 라이선스 자료에 대한 "을"의 지적재산권 침해가 되거나 이 계약 내용의 위반이 되어 서버의 수행력이나 보안을 위협하는 라이선스 자료로의 접근에 대해서는 일시적으로 중단할 수 있는 권리를 보유한다. 그러한 접근을 중단한 후 즉시 "을"은 "갑"에게 위반의 원인이 되는 활동을 명시하여 통지를 한다. "을"은 그러한 활동이 중단되었으며 "갑"이 그러한 활동이 재발하지 않도록 합리적인 노력을 행했다는 통지를 받은 즉시 "갑"의 접근을 재개해야 한다.

라이선스에는 항상 라이선스가 해지되는 상황에 대한 내용을 담고 있다. 이는 출판사가 더 이상 제대로 제공 하지 않거나 도서관이 더 이상 원하지 않는 제품 혹은 서비스에 대한 지불 의무 계약에 도서관이 구속되는 것을 방지하기 위한 것이다.

일반법하에서는 상대방이 의무를 이행하지 못하는 경우 경고를 통해 언제든지 계약이 해지될 수 있다. 이는 상당한 위반이 있었던 경우에 한해서만 적용된다.

이에 대한 해결책은 위반을 행하는 상대방에게 구제할 수 있는 기회를 제공하는 것이다. 일반적으로는 서면 통지를 수령한 후 30일의 기간이 구제 기간이다. 이 기간 내에 구제되는 경우 해지는 효력을 발생하지 않는다. 본 계약모델에서는 30일과 60일 중에서 선택할 수 있도록 함께 제시하였다. 위반이 주어진 기간 내에 구제되지 못하는 경우 계약은 해지된다. 출판사 측의 위반에 따른 해지인 경우 이미 지불은 되었으나 계약 기간 중에 남아 있는 기간에 대한 비율을 계산하여 출판사는 도서관에게 라이선스 금액의 해당 비율 금액을 반환하는 것이 공정하다.

제12조는 이렇게 앞서 <표 19>에서 제시되었던 계약 기간 및 해지와 관련하여 계약 해지가 가능한 경우, 계약 해지에 따른 권리 및 의무의 종료, 잔여 계약 기간에 대한 지불 대금 반환 조항을 포함하고 있다.

우선 제1항에서는 계약 해지가 가능한 경우를 명시하고 있다. 제2항부터 제4항까지 및 제6항과 제7항은 계약 해지에 따른 권리 및 의무 조항을 명시하고 있으며, 잔여 계약 기간에 대한 기지불 대금 반환 조항은 제5항에 명시되어 있다.

⑪ 총　칙

제13조 (총칙 및 기타사항)

① 이 계약은 쌍방의 전적인 합의로 이루어지며 구두로나 서면으로나 이 계약에서 다루는 내용과 관련하여 사전에 있었던 대화, 이해, 및 합의를 대신한다.

② 이 계약 및 이 계약에 딸린 별표에 대한 변경의 경우, "갑" 및 "을"의 협의에 따라 이 계약의 이행에 영향을 미치는 중요 사항이라고 판단한 경우에는 변경계약서를 별도로 작성하여야 한다. 다만 "갑" 및 "을"의 협의에 따라 경미한 변경이라고 판단한 경우에는 변경의 내용, 이유 등을 명기한 서면에 쌍방이 서명 또는 기명날인 하여 변경 계약의 작성에 갈음할 수 있다.

③ 이 계약은 어느 일방에 의해 다른 사람 혹은 기관에 양도될 수 없으며, 다른 일방의 사전 서면 동의 없이는 "을"의 대행사, 서버 관리 및 운영을 위한 대행사와 이 계약의 의무를 도급계약 할 수 없다.

④ [컨소시엄은 회원을 포함하는 회원을 두고 있는 비영리기업 대리인에게 라이선스 자료 내의 전부 혹은 일부 권리를 양도할 수 있다. 컨소시엄이 그러한 권리를 그러한 대리인에게 양도하는 경우, "을"은 양도가 있기 직전까지 회원이 아니었던 양수인에게 이 계약에 따른 여하한 이용허락이나 특권을 부여하지 않아도 된다.]

⑤ [라이선스 자료상의 전부 혹은 일부 권리가 또 다른 출판사에게 양도되는 경우, 출판사는 이 계약의 내용과 조건이 유지됨을 확신 시킬 수 있는 최선의 노력을 다해야 한다.]

⑥ 어느 일방에게 통지를 하는 경우, 이 계약서상에 설정된 수취인 주소로 혹은 상대방에게 통지를 위한 주소로 통고받은 그러한 여타 주소로 등기우편, 택배 혹은 팩스를 통해 전달되어야 한다. 등기를 통해 보내진 그러한 통지는 등기우편 발송일로부터 [14일] [5 영업일] 내에 전달되어질 것으로 간주된다. 택배 혹은 팩스를 통해 보내진 그러한 통지는 택배 혹은 팩스를 받은 일자에 주어진 것으로 간주된다.

⑦ 전쟁, 파업, 홍수, 정부 규제, 권력, 텔레커뮤니케이션 혹은 인터넷 불통, "서비스 거부" 혹은 유사 사태, 네트워크 설비의 손상 혹은 파괴 등 통제를 벗어나는 환경의 결과로 인해, 어느 일방도 이 계약의 여하한 조항을 수행하는 데 지연이 있거나 수행하지 못하는 경우, 이 계약의 위반 혹은 위반에 대한 원인으로 간주되지 아니한다.

⑧ 이 계약의 여하한 무효성 혹은 비강제성의 조항은 이 계약의 나머지 부분의 존속 혹은 강제성에 영향을 미쳐서는 안 된다.

⑨ 어느 일방도 이 계약의 조항에 따른 다른 일방에 의한 이행을 요구하지 못하거나 포기하는 경우 이후 그러한 이행에 대한 완전한 요구 권리에 영향을 미치거나 조항 자체에 대한 권리 포기로 간주되지 않을 것이다.

⑩ 이 계약의 해석을 놓고 쌍방이 불일치 하는 경우 혹은 일방이 이 계약의 일부에 대해 위반한 경우, 쌍방은 협의를 통해 불일치 해결의 타당성을 논하도록 한다. 그러나 분쟁이 해결되지 않는 경우, 다음의 합의관할, 중재 또는 조정 중에서 선택하도록 한다.
A안 (합의관할)
이 계약에 관해 소송의 필요가 생긴 경우에는   법원을 합의관할법원으로 한다.

B안 (중재)
이 계약에 관련한 분재에 대하여서는 "갑"과 "을"이에 의한 중재로 해결하기로 한다.
C안 (조정)
이 계약에 관련한 분쟁에 대하여서는 "갑"과 "을"이에 의한 조정으로 해결하기로 한다.

⑪ 이 계약은 법의 적용을 받으며 이에 따라 해석된다.

제13조는 총칙에 해당하는 부문으로서 앞서 <표 19>에서 제시되었던 양도 혹은 도급계약에 대한 명시, 통지의 의무 및 통지 방법, 천재지변의 경우에 따른 면책, 어느 하나 이상의 조항이 무효한 경우에도 나머지 계약 내용의 유효성이나 강제성에 영향을 미지치 않는 일부 무효원칙을 명시, 분쟁이 발생한 경우의 분쟁 해결 절차, 재판관할권 및 준거법의 조항을 규정하고 있다.

우선 제1항은 본 계약이 이전의 모든 대화나 합의 사항에 우선한다는 것을 명확히 하는 조항이다.

제2항은 계약 내용의 변경과 관련한 것으로 변경내용의 중요성에 따라 변경방식을 달리 규정하였다. 일단 라이선서와 라이선시가 기존의 계약 내용을 변경하기로 합의하는 경우, 이러한 합의 자체가 변경계약이 되므로 별도의 변경계약서를 작성하도록 규정하였다. 그러나 변경내용이 경미한 경우에도 이러한 변경계약 체결을 하는 경우에는 이러한 변경계약 체결에 많은 시간과 노력을 들이는 것이 그다지 효율적이지 못하기 때문에 쌍방에 의해 서명 또는 기명날인 된 서면으로 갈음하도록 규정하였다.

제3항부터 제5항까지는 양도 혹은 도급계약에 대한 조항이다.

제6항은 통지의 의무 및 통지 방법, 제7항은 천재지변 등의 불가항력적인 상황에서의 면책, 제 8항 및 제9항은 일부 무효원칙에 대한 조항이다.

제10항과 제11항은 재판관할권 및 준거법 조항으로서 출판사 혹은 도서관에 대한 손해배상청구를 내기 위해 선택된 법정과 라이선스 해석을 위해 선택된 법을 의미한다. 대부분의 라이선스는 라이선서에 해당하는 출판사측으로부터 제시되며 이 경우 재판관할권 및 준거법은 출판사에 가장 적합한 법으로 되어 있기 마련이다. 비용 측면을 고려한다면 본 조항을 라이선시인 도서관 측에 가장 유리한 혹은 양쪽 모두에 유리한 법과 계약으로 수정하는 것이 바람직할 것이다.

6. 결 론

1990년대부터 전자저널 이용의 증가와 더불어 도서관에서는 라이선스 계약 사례가 크게 증가하고 있는 실정이다. 기존의 인쇄 형태 자원은 구매를 통해 이용이 이루어지는 데 반해 전자저널은 라이선스 계약을 통해 이용이 이루어진다. 라이선스 계약을 통해 전자저널에 대한 이용권만을 얻게 되는 것이고 이용자의 범위나 이용의 범위는 계약 내용과 조건에 따라 달라지게 된다. 라이선스는 계약법에 기반하고 있으며 계약 자유의 원칙에 따라 이러한 계약내용은 쌍방 간의 협상 결과에 달려 있는 바, 협상 결과에 따라서는 기존의 저작권법을 통해 도서관이 당연하게 누려오던 권리를 포기하게 되는 결과를 초래할 수도 있다. 또 다른 문제는 현장의 사서들이 라이선스 계약과 관련한 법률적 지식이 부족하고 경험도 부족하기 때문에 라이선스 계약 체결 과정에서 불리한 입장에 놓여 있다는 데 있다.

이에 본 연구에서는 도서관이 라이선스 계약이라고 하는 비교적 새로운 현상에 효율적으로 대처할 수 있도록 하기 위해 라이선스 계약 과정에서 지침으로 참조할 수 있는 라이선스 계약모델(부록 1 참조)을 개발하고자 하였다. 전자저널 라이선스 계약모델을 개발하기 위한 설문지 조사 결과와 본 연구가 개발한 계약모델의 구성 및 특징을 요약하면 다음과 같다.

첫째, 라이선스 계약 현황을 파악하기 위한 설문지 응답을 분석한 결과는 다음과 같다.

1) 라이선스 지침의 유무나 법률적인 자문의 절차 유무, 직원들에 대한 관련 교육의 유무 등의 면에서 볼 때, 도서관은 대행사보다 라이선스 계약에 대한 준비가 부족한 것으로 나타났다.

2) 계약 당사자들이 바람직하게 여기는 계약 조건을 파악하기 위한 설문지 응답에 대한 분석 결과, 디지털 아카이브 및 디지털 파일 형태의 도서관 상호 이용 부문에서 도서관과 대행사 간의 시각 차이가 가장 큰 것으로 나타났다.

3) 도서관 상호 이용과 관련하여 도서관은 디지털 파일 형태로 타 도서관에 전송 후 출력과 더불어 파일을 삭제하는 방식에 대한 선호도가 가장 높은 비율을 보인 반면, 대행사는 이러한 방식에 대해 단지 **22%**만이 지지하고 있으며 **44%**의 비율에 해당하는 곳은 도서관 상호 이용 불가의 입장을 지지하는 것으로 나타났다.

4) 디지털 아카이브와 관련해서는 도서관과 대행사 어느 쪽도 도서관이 출력물 형태로 직접 아카이브 하는 방식에 대해서는 선호하지 않았으나 각자 선호하는 방식에는 큰 차이를 보이고 있다. 대학도서관이 가장 바람직하게 여기는 방식은 국가적인 차원에서의 "중앙 아카이브" 방식이었다. 대행사는 출판사 혹은 제3자에 의한 디지털 아카이브 유지 및 영구 라이선스 제공에 대해서는 전혀 지지하지 않는 것으로 나타났다.

5) 이 외에 도서관은 라이선시에 유리한 조항들, 즉 비

인증 이용자의 법적 위반에 대한 라이선시 면책 조항, 인쇄 형태 저널 발행과 거의 동시에 혹은 더 이전에 전자저널의 이용이 가능해야 한다는 납기일 조항 등에 대해 높은 비율로 지지한 반면 대행사는 라이선서에 유리한 조항들, 즉 인증되지 않은 디지털 복제의 금지, 라이선스 자료의 수정이나 조작, 파생물 제작의 금지 조항 등에 높은 비율을 보여주었다. 양측 모두가 높은 비율로 지지한 조항은 계약해지가 가능한 경우에 대한 조항 및 이용 데이터의 제공과 관련한 조항이다.

둘째, 계약모델의 기본구조는 다음과 같다.

1) 전문
2) 용어의 정의
3) 합의사항
4) 허락된 이용
5) 금지된 이용
6) 대금 지불
7) 라이선서의 보증 및 책임
8) 라이선서의 이행의무
9) 라이선시의 이행의무
10) 쌍방에 의한 이행의무
11) 계약기간 및 해지
12) 총칙

셋째, 본 연구에서 개발한 라이선스 계약모델의 특징과 기대효과는 다음과 같다.

1) 우리나라에서 도서관을 위한 전자저널 라이선스 계약모델로서는 최초로 개발된 것으로서 특히 국내 계약 당사자에 대한 의견 수렴 결과를 반영한 모델이다.
2) 단일 도서관의 경우나 컨소시엄의 경우에 상관없이 모두 이용할 수 있도록 각각의 경우에 맞는 계약 조항을 선택적으로 명시할 수 있도록 개발하였다.
3) 계약 당사자 간의 의견 차이가 크게 나거나 다양한 계약 조건이 있을 수 있는 조항에 대해서는 쌍방 간의 합의를 통해 선택적으로 명시할 수 있도록 개발하였다.

본 연구의 결과로 제시된 라이선스 계약모델은 현장 사서들이 라이선스 계약 내용 및 조건에 대한 이해를 높이고, 보다 효과적인 라이선스 계약을 체결하는 데 기초자료가 될 것으로 기대한다.

참고문헌

<국내 문헌>

김기태. 『저작물의 새로운 이용형태에 관한 표준계약서 계약모델 연구』, 한국전자책컨소시엄. 2001.

김윤명. IT기술 발전에 따른 저작권 이용계약과 해석. 『Digital Contents』, 2003. 2.

김홍기. 디지털 시대의 저작권에 관한 연구. 연세대학교 법무대학원 석사 학위논문. 1999.

내셔널 리서치 카운슬 지음. 임원선 옮김. 『디지털 딜레마-정보화 시대의 지적재산권』. 서울: 도서출판 한울. 2001.

박범석. 저작권계약의 해석방법론에 관한 연구-저작자와 저작권 이용자 사이의 계약의 해석에 있어서. 서울대학교 대학원 석사 학위논문. 2000.

송영식, 이상정. 『저작권법개설』. 서울: 세창출판사. 2000.

신은자. 전자저널의 아카이빙에 관한 연구. 『정보관리학회지』, vol. 18, no.3, 2001. pp.139-155.

오병철. 디지털 정보에 있어서 '사용(이용) 허락'과 라이선스의 구체적 의미. 『계간 저작권』, 2002년 봄호.

이란주, 황신혜. 전자저널의 효과적인 관리 및 이용자서비스에 관한 연구: 대학도서관을 중심으로. 『정보관리학회지』, vol. 20, no.2, 2003. pp.141-142.

임원선. 디지털 시대의 최초판매의 원칙에 대한 소고. 『계간 저작권』, 2001 겨울호.

저작권심의조정위원회 홈페이지. <http://www.copyright.or.kr/> Retrieved on 07/17/2003.

프로그램심의조정위원회. 『각국의 컴퓨터프로그램저작권 관련법규(조약·협약).역 및 해설』. 2002.

프로그램심의조정위원회. 『개정컴퓨터프로그램보호법의 축조해설』. 2000. p.185.

프로그램심의조정위원회. 『소프트웨어표준계약서에 관한 연구-프로그램개발위탁계약서를 중심으로』. 2000.

한국교육학술정보원. 『학술연구정보정비스(RISS) 수혜자 평가 보고서』. 2002.

홍재현. 디지털 정보자원 개발을 위한 저작권 연구. 『정보관리연구』, vol. 33, no.4, 2002.

황혜경. 디지털정보자원의 라이센스 체결 동향에 관한 소고. 『정보관리연구』, vol. 34, no.1, 2003. pp.99-117.

<국외 문헌>

ALA. "Principles for Licensing Electronic Resources". Final Draft, 1997. Retrieved 06/03/2003 from <http://www. arl.org/scomm/licensing/principles.html>.

Albanese, Andrew Richard. "Library Journal Survey: Aca-demic Libraries: 2001: Moving from Books to Bytes", Library Journal, 09/01/2001, p.52-54.

Alford, Duncan E. "Negotiating and Analyzing Electronic License Agreements", Law Library Journal, vol. 94, no.4, 2002. Retrieved 06/02/2003 from <http://www. aallnet.org/prodicts/2002-38.pdf>.

Bebbington, Laurence W. "Managing content: licensing and privacy issues in managing electronic resources", Legal Information Management, vol. 1, no.2. 2001.

Bibe, M., Oppenheim, C. and Ramsden, A. "Copyright Clearance and Digitization in UK Higher Education: Supporting Study for the JISC/PA Clearance Mecha-nisms Working Party Report", 1997. Retrieved 07/21/2003 from <http://www.ukoln.ac.uk/services/elib/papers/pa/ clearance/>.

C., Oppenheim. "Does Copyright have any Future on the Internet?" Journal of Documentation, vol. 56, no.3, 2000. pp.279-298.

CNI의 READI 프로젝트. Retrieved 07/21/2003 from <http:// www. cni.org/projects/READI/guide/>.

Copyright, Designs and Patents Act 1988 (c. 48). Retrieved 07/01/2003 from <http://www.hmso.gov.uk/acts/acts1988/ Ukpga_19880048_en_1.htm>.

Cox, John. "Scholarly Communication in the Third Millenium: Making Sense of Economic Technological and Manage-ment Challenges", Retrieved 02/07/2003 from <http:// www.lib.mq.edu.au/conference/sustainability/scholarly.html>

___________. "Model generic licenses: cooperation and compe-tition", Serials Review, vol. 26, no.1, 2000. pp.3-9.

Croft, Janet Brennan. "Model licenses and interlibrary loan/ document delivery from electronic resources", Interlen-ding & Document Supply, vol. 29, no.4, 2001. pp.165-168. Retrieved 06/03/2003 from <http://www. emeral-dinsight.com/pdfs/ids294.pdf >.

Debus-Lopez, Karl & Glassel, Aimee. "Licensing Electronic Resources-Best Practices and Procedures from UW-Madison", WILS ILL 2002 Annual Meeting October 1, 2002. Retrieved 05/07/03 from <http://www.wils.wisc. edu/events/ill02/present/karl-aimee.ppt>.

Final Report of the National Commission on New Techno-logical Uses of Copyrighted Works, July 31, 1978, Library of Congress, Washington, DC, 1979, pp.54-55. Retrieved 07/01/2003 from <http://www.cni.org/ docs/infopols/CONTU.html>.

Framework for Material Supplied in Electronic Form. Retrieved 06/03/2003 from <http://www.library.yale. edu/~llicense/Pajisc21. html>.

Giavarra, Emanuella. "Licensing Digital Resources: How to avoid the legal pitfalls", European Copyright User Platform. Pre-print. 1998. Retrieved 02/07/2003 from <www.eblida.org/ecup/docs/warning. html>.

Harr, John M. "Project PEAK: Vanderbilt's Experience With Articles on Demand", SERIALS LIBRARY, vol. 38, 2000.

ICOLC. "Statement of Current Perspective and Preferred Practices for the Selection and Purchase of Electronic Information", 1998. Retrieved 06/03/2003 from <http://www.library.yale.edu/consortia/statement. html>.

JSTOR 홈페이지. Retrieved 06/03/2003 from <http://www. jstor.org/>.

LIBLICENSE 홈페이지. Retrieved 05/22/2003 from <http:// www. library.yale.edu/~llicense/index.shtml>.

MUSE 프로젝트 홈페이지. Retrieved 07/05/2003 from <http://muse. jhu.edu>.

Neal, James G. "Copyright Is Dead…… Long Live Copy-right", American Libraries, vol. 33, no.11, 2002. pp.48-51.

Nimmer, Raymond T. "Breaking barriers: The relation between contract and intellectual property law." Retrieved 07/04/2003 from <http://www.law.berkeley. edu/journals/btlj/articles/vol13/Nimmer/ html/text.html>.

Okerson, Ann. "Buy or Lease? Two Models for Scholarly Information at the End(or the Beginning) of an Era", Daedalus: Journal of the American Academy of Arts and Sciences, vol. 125, no.4, 1996. pp.55-76.

____________. "Licensing Perspectives: The Library View", Given at the ARL/CNI Licensing Symposium held in San Francisco on December 8, 1996. Retrieved 05/ 02/2003 from <http://www. library.yale.edu/~okerson/ cni-license.html>.

____________. "The LIBLICENCE Project and How it Grows", D-Lib Magazine, vol. 5, no.9, 1999.

____________. "The transition to electronic content licen-sing: the institutional context in 1997", Presented at the Mellon Foundation Scholarly Communications and Technology Conference, held at

Emory University on April 24-25, 1997. Retrieved 02/05/2003 from <http://www.library.yale.edu/~okerson/mellon.html >

Patricia Brennan, Karen Hersey and Georgia Harper. "Licensing Electronic Resources: Strategic and Practical Considerations For Signing electronic infor-mation Delivery Agreements". Retrieved 02/05/2003 from <http://www.arl.org/scomm/licensing/licbooklet.html>.

PEAK 홈페이지. Retrieved 07/05/2003 from <http://www.lib.umich. edu/retired/peak/>.

Samuelson, Pamela. "Intellectual Property and Contract Law for the Information Age: Foreword to a sympo-sium", California Law Review, vol. 87, January 1999. Retrieved 07/16/2003 from <http:// sims.berkeley.edu/ ~pam/papers/clr_2b.html>.

Turner, Rollo. "Agents, Intermediaries, and Journal Licensing." Journal of the Medical Library Association. Vol. 90, no.1, pp.101-104. 2000. Retrieved 10/02/2003 from <http://www.pubmedentral.nih.gov/ articlerender.fcgi?artid=64766>

Woodberry, Evelyn. "Copyright vs. Contract: Are They Mutually Exclusive?" Australian Academic & Research Libraries, vol. 32 i.e. 33, no.4, 2002.

YEA: The Yale Electronic Archive One Year of Progress Report on the Digital Preservation Planning Project. 2002. 2.

<분석 대상 라이선스 계약모델>

CNSLP/PCLSN 라이선스. Retrieved 06/03/2003 from <www.cnslp.

ca/pr/achievements/CNSLP-License-12Feb01.doc>.

NESLi2 Licence for Journals. Retrieved 09/27/2003 from <http://www.
NESLi2.ac.uk/NESLi2_lic_010903.htm >.

LIBLICENSE Standard License Agreement. Retrieved 06/ 03/2003 from
<http://www.library.yale.edu/~llicense/ standlicagree.html>.

JSTOR 라이선스. Retrieved 03/06/2003 from <www.jstor.org/about/
license.html>.

Cox의 Model Standard License. Retrieved 06/03/2003 from <http://
www.licensingmodels.com>.

전자저널 이용을 위한 라이선스 모델

(라이선시의 명칭)(이하 "갑"이라 한다)과 (라이선서의 명칭)(이하 "을"이라 한다)은 다음의 요강 및 첨부의 계약일반조건에 따라 계약(이하, 모두 "본 계약"이라 한다)을 체결하고 신의에 따라 성실히 계약상의 의무를 이행할 것을 확약하며, 이를 증명하기 위하여 이 계약서를 2통 작성하여 당사자가 서명 또는 기명 날인한 후 각 1통씩 보관하기로 한다.

다　음

계약명:
계약금액:
계약보증금: {주기: 이는 국내 계약의 경우에 해당한다}
지체상금률: {주기: 이는 국내 계약의 경우에 해당한다}
계약기간:
기타사항:

첨부 서류 : 1. 계약일반조건
　　　　　　별표 1: 인증된 이용자(이하 "별표 1"이라 한다)
　　　　　　별표 2: 라이선스 자료 및 접근 방식(이하 "별표 2"
　　　　　　　　　라 한다)
　　　　　　별표 3: 대금지불내역 및 지불일정(이하 "별표 3"이
　　　　　　　　　라 한다)
　　　　　　별표 4: 이용자 데이터(이하 "별표 4"라 한다)
　　　　　　별표 5: 요청 이용 데이터(이하 "별표 5"라 한다)

　　　　　　　　　　　　　　　20　　년　　　　월　　　　일

(갑) : 라이선스 이용기관
　　　　　　　　　　　　　　　　　　　　　　　　　(인)

(을) : 라이선스 제공기관
　　　　　　　　　　　　　　　　　　　　　　　　　(인)

계약 일반 조건

{주기: (1) 쌍방의 합의에 의해 결정되어질 부분들에 대해서는 선택 가능한 조항들을 ([]) 괄호로 묶어 나열하였다. 쌍방의 합의 결과에 따라 하나 혹은 하나 이상의 적절한 조항을 선택하여 명시하도록 한다.
(2) 컨소시엄의 경우 "갑"이라 함은 컨소시엄 및 컨소시엄 회원을 의미한다.}

제1조 (용어의 정의)

① 이 계약에 있어 사용하는 용어들의 의미를 다음과 같이 규정한다.

1. (인증된 이용자) "갑"의 현 교수진(전임, 객원, 연구교수 및 시간강사 포함), 직원, 그리고 "갑"에 등록을 하고 있는 학생으로서, "갑"의 교내 및 이들이 근무하거나 연구하는 여타 장소로부터 보안 네트워크에 접근할 수 있도록 허용되어 "갑"에 의해 패스워드나 여타 인증을 받은 자.

2. (방문 이용자) 인증된 이용자 이외의 사람으로서 "갑"의 도서관이나 정보 서비스를 이용하고 보안 네트워크에 접근할 수 있도록 허락된 사람을 의미하며 필히 "갑"의 도서관내 단말기를 통하여 이용하는 경우에 한한다.

3. (상업적 이용) 판매, 재판매, 대여, 전송, 고용 혹은 여타 이용 형태를 통해 금전적인 보상을 추구하는 라이선스 자료의 이용.

4. (강의용 편집교재) 교육을 목적으로 강의 시간에 학생들이 이용할 수 있도록 "갑"의 교직원이 편집한 자료.

5. (전자적 보존) "갑"이 그 학생에게 제공하는 특정 교육 과정과 연계되어 그 학생에 의해 이용되어질 수 있도록 "갑"이 보안 네트워크에 제작하여 저장해 놓은 전자 복제물.

6.　(대금) "별표 3"에 설정된 금액으로 쌍방 간의 합의에 의해 때에 따라 달라질 수 있다.

7.　(라이선스 자료) "별표 2"에 설정된 데이터베이스와 라이선스 소프트웨어로서 쌍방 간의 합의에 의해 수정되어질 수 있다.

8.　(지불 일정) "별표 3"에 설정된 대금 지불 일정.

9.　(구내) "별표 4"에 설정된 바와 같이 IP주소를 갖고 있는 컴퓨터가 설치되어 있는 "갑"의 물리적 구내.

10.　[("을"의 대행사) "을"과 "을"의 대행사 간의 합의에 따라 "을"을 대행하도록 "을"에 의해 지명된 제3자로서, "을"을 대행하여 라이선스를 수행하고 본 계약하에 놓인 "을"의 여하한 모든 의무를 이행하게 된다.]

11.　(보안 네트워크) 로그인 시점에서 "갑"에 의해 허락된 인증된 이용자 및 방문 이용자에 의해서만 접근 가능하며 이들의 수행이 "갑"에 의해 규제되어지는 네트워크.

12.　(서버) "을"의 서버이든 제3자의 서버이든 "을"에 의해 지정된 서버로서 라이선스 자료가 탑재되어 접근되어지는 서버.

13.　(이용 데이터) "별표 5"에 명시된 데이터 및 보고 사항.

제2조 (계약의 목적)

①　이 계약에 의해 "을"은 "갑"의 인증된 이용자가 어디에 있든 보안 네트워크를 통해 연구, 교수, 사적 연구 및 관리적 이용을 위한 목적으로 별표 2에서 명시된 라이선스 자료 및 접근 방식의 이용을 통해 라이선스 자료로 접근할 수 있는 권리를 허용하는 비배타적이며 비양도성의 권리를 부여한다.

②　이 계약은 이 계약일로 시작되며, 계약 내용에 따라 계약 기간 내에 해지되지 않는 경우 20　　년　　월　　일로 자동으로 종료

될 것이다.

③ "을"은 본 계약의 종료 후에도 "갑"과 그 인증된 이용자 및 방문 이용자에게 계약 기간 동안 출판되고 대금이 지불된 라이선스 자료에 대한 접근을 제공할 것이다. 이러한 접근은 ["을"이나 "을"이 지정하는 제3자의 서버상의 해당 자료에 대한 지속적인 온라인 접근을 통해서] ["갑"이나 국가적인 차원의 중앙 아카이브 시설로 쌍방에 의해 합의된 전자 매체상의 아카이브 복제본을 제공하는 방식을 통해서] 이루어질 것이다. 어떤 형태이든 지속적인 아카이브 접근 및 이용은 [무료이며] 이 계약 내용 및 조건에 일치하여야 한다.

제3조 (허락된 이용)

① "갑"은 아래의 제6조에 따라 다음 각 호와 같이 라이선스 자료를 이용 할 수 있다.

1. 인증된 이용자 및 방문 이용자에 의해 라이선스 자료가 효율적으로 이용되는 데 필요한 바에 따라 캐싱을 수단으로 하여 라이선스 자료의 일부를 자관 서버에 전자적으로 복제해 둘 수 있다.

2. 인증된 이용자 및 방문 이용자는 서버로부터의 보안 네트워크를 통해 라이선스 자료의 통합 저자명, 논문명, 키워드 색인을 포함하는 라이선스 자료로의 접근을 허용할 수 있다.

3. 개별 인증된 이용자의 요청에 따라 단일 논문의 인쇄 복제본 혹은 전자 복제본 1부를 제공할 수 있다.

4. 인증된 이용자의 내부 마케팅이나 테스팅 혹은 연수를 목적으로 라이선스 자료를 디스플레이 하거나 다운로드 하거나 출력할 수 있다.

② 아래의 제6조에 따라 인증된 이용자[및 방문 이용자]는 다음 각 호에 해당하는 이용을 할 수 있다.

1. 라이선스 자료를 탐색, 열람, 검색 및 디스플레이 할 수 있다.

   2. 사적 이용을 위해 라이선스 자료의 일부를 전자적으로 저장할 수 있다.

   3. 라이선스 자료의 일부를 한 부 출력할 수 있다.

   4. 라이선스 자료의 개별 논문 혹은 아이템의 복제본 1부를 인쇄 형태 혹은 전자 형태로 여타 인증된 이용자에게 배포할 수 있다.

③ 이 계약에서의 어느 것도 인증된 이용자 및 방문 이용자의 저작물 이용과 관련하여 (합의관할) 저작권법에 따라 부여된 라이선시의 법적 권리를 배제하거나 수정하거나 영향을 미치지 않을 것이다.

제4조 (도서관 상호 이용)

① ["갑"은 아래 제6조에 따라 상업적 이용이 아닌 조사연구 혹은 사적 연구를 목적으로 라이선스 자료의 일부에 해당하는 개별 문헌의 전자원본에 대한 인쇄 복제본을 ["갑"과 동일 국가 내] 다른 도서관의 인증된 이용자에게 우편이나 팩스로 [혹은 [Ariel이나 이에 상응하는 보안 전송을 통해] 전자파일 전송 후 전송 받은 도서관에서 해당 파일을 인쇄 후 즉시 삭제시키는 경우에 한해 전자파일 전송의 방식으로] 제공할 수 있다.]
혹은
["갑"은 아래 제6조에 따라 상업적 이용이 아닌 조사연구 혹은 사적 이용을 목적으로 하는 경우 우편이나 팩스 혹은 인터넷이나 그 외의 것을 통한 전자적 송신을 통해 전자자료의 일부에 해당하는 개별 문서의 복제본 1부를 다른 도서관의 인증된 이용자에게 제공할 수 있다.]
혹은
[위 제3조 3항의 규정에도 불구하고 "갑"은 사적 연구나 그 외의 것을 위해 라이선스 자료의 일부에 대한 복제본 한 부를 또 다른 도서관 내 이용자에게 전자적인 수단을 통해 제공할 수 없음을 이해하고 합의한다.]

제5조 (강의용 편집 교재 및 전자적 보존)

① ["갑"은 아래의 제6조에 따라, "갑"의 기관에서 행해지는 비상업적 교육 과정에서 "갑"의 인증된 이용자가 이용할 수 있도록 하기 위해 인쇄 형태의 강의용 편집교재[및 전자적 보존 형태]로 라이선스 자료의 일부를 취합할 수 있다. 이들 자료에는 발췌되는 저작물의 서명, 저자명, 출판사명 등의 출처를 적절하게 밝히도록 한다. 이들 자료가 더 이상 그런 목적으로 이용되지 않는 경우에는 "갑"에 의해 삭제되어야 할 것이다.]
혹은
["갑"은 사전에 "을"{혹은 "을"의 대행사}의 서면 허락 없이 [강의용 편집교재] [및] [전자적 예비 장서] 형태의 라이선스 자료의 전부 혹은 어느 일부를 취합할 수 없다. 이런 서면 허락의 경우에는 그런 이용에 대한 추가적인 내용 및 조건이 설정 될 것이다.]

제6조 (이용의 금지와 사전협의)

① "갑"이나 인증된 이용자 혹은 방문 이용자 누구도 다음 각 호에 해당하는 이용은 금한다.

1. 저자명 혹은 출판사의 저작권 경고 혹은 여타 라이선스 자료에 나타나 있는 식별 혹은 권리 포기 수단을 제거하거나 변경할 수 없다.

2. 여하한 목적으로로든 라이선스 자료의 여러 발췌분을 인쇄 형태 복제본으로 혹은 전자 형태 복제본으로 조직적으로 만드는 웹크롤러와 같은 소프트웨어나 여타 수단을 이용할 수 없다.

3. "을"의 사전 서면 동의 없이, 혹은 "갑"과 "을"이 합의하는 별도의 합의에 따르지 아니하고는, 라이선스 자료의 일부를 서버에 탑재하거나 배포할 수 없다.

② "갑"은 다음 각 호의 어느 것에 해당하는 이용인 경우에는 "을"과의 사전 협의를 거쳐 "을"의 서면 허가를 얻도록 한다.

   1.   여하한 상업적 이용을 위해 라이선스 자료의 전부 혹은 일부를 이용하고자 하는 경우

   2.   이 계약에 따라 허락된 인증된 이용자가 아닌 다른 누군가에게 라이선스 자료의 전체 혹은 일부를 조직적으로 배포하고자 하는 경우

   3.   이 계약에서 허락된 이외에 라이선스 자료, 라이선스 자료에 기초한 저작물, 혹은 이를 여타 다른 자료와 조합한 저작물을 출판하거나 배포하거나 이용하고자 하는 경우

   4.   인증된 이용자 및 방문 이용자에게 컴퓨터 화면상에 보이도록 하는 데 필요한 수준 이외에 혹은 이 계약에서 달리 허락되지 않은 방식으로 라이선스 자료를 변경하거나 요약하거나 채택하거나 수정하고자 하는 경우.

제7조 (대금 및 그 지급방법)

① 이 계약에서 합의된 "별표 3"의 대금 지불 내역 및 지불 일정에 따라 "갑"은 "을"에게 대금을 지불한다.

제8조 ("을"의 보증 및 책임의 범위)

① "을"은 본 계약에 따라 이용되는 라이선스 자료가 다른 사람의 저작권 혹은 여타 재산권 혹은 지적재산권을 침해하지 않음을 "갑"에게 보증한다.

② "을"은 본 계약에서 제시하는 바대로 라이선스 자료에 접근하고 이용하는 라이선스를 허락하는 권리를 지니고 있음을 "갑"에게 보증한다.

③ "을"은 "갑"에 의한 이용이 제3자의 저작권 기타의 권리를 침해했다는 이유로 "갑"이 제3자로부터 청구를 받은 경우, "갑"에 의한 여하한 법적 행동으로 인해 생겨나는 여하한 손실, 손해, 비용, 책임 및 경비(합리적인 법적 전문적 비용을 포함하여)에 대해 "갑"을 면책하고 "갑"의 손해배상액 또는 이에 상당하는 합리적인 비용을 "갑"에게 지급을 하여야 한다. "갑"의 면책은 본 계약의 종료 후에 여하한 이유에도 존속되어야 한다. 이 면책은 "갑"에게 귀책사유가 있는 경우에는 그러하지 아니하다.

④ ["을"은 서버, "을"의 자체 네트워크, 라이선스 자료를 지원하는 "을"의 인터넷 서비스 제공자에 직접 적용할 수 있는 통산 부정기 가동시간이 일시에 _____시간 이상, _____부터 _____까지의 기간 동안 누적적으로 12시간을 넘지 않을 것임을 보증한다.]

⑤ 이 계약에서 제시된 이외에 "을"은, 디자인, 라이선스 자료에 담긴 정보의 정확성, 특정 목적을 위한 이용의 타당성 등을 포함하는 것들에 대해서는 여하한 주장이나 보증도 하지 않는다. 라이선스 자료는 '그 상태 그대로' 제공되어진다.

⑥ 이 조 제①항에 제시된 바 이외에는 여하한 상황에서도 "을"은 라이선스 자료를 이용하지 못함으로 인해 생겨나는 여하한 특별한, 우발적인 혹은 결과적인 손해에 대해 "갑" 혹은 인증된 이용자를 포함하는 여타 사람들에게 책임을 지지 않는다.

⑦ "갑"의 손해배상청구에 대한 "을"의 손해배상 누계총액은 손해배상청구가 발생한 기간에 해당하는 계약 기간과 관련하여 이 계약에 따라 "갑"이 "을"에게 지불한 금액을 최고한도로 한다.

제9조 ("을"의 이행의무)

① "을"은 다음 각 호에 해당하는 이행의무를 갖는다.

　1. "을"은 "별표 3"에 명시된 매체, 포맷 및 일정에 따라 라이선스 자료가 "갑"에게 이용될 수 있도록 해야 한다. "을"은 라이

선스 자료에 규격상의 변경이 예상되는 경우 적어도 [30
일][60일][90일]일 이전에 이를 "갑"에게 통지해야 한다. 그러
한 변경이, 대금, 납기 및 기타의 계약 조건에 영향을 미치는
등의 사유로 "갑"에게 유용하지 않은 것으로 판단되는 경우
"갑"은 그러한 변경을 이 계약의 제12조 제①항 2호에 해당하
는 계약 위반으로 간주할 수 있다.

2.　"을"은 라이선스 자료가 인쇄 버전의 출판일[이 되기 {　}일
이전에] [로부터 {　}일 이내에] [보다 늦지 않게] 이용될 수
있도록 모든 합리적인 노력을 해야 한다. 특정 저널의 경우에
는 기술적인 이유 등으로 인해 이것이 가능하지 않은 경우,
라이선스 계약 시점에서 그런 저널은 그 이유와 더불어 명시
되어야 한다.

3.　"을"은 제10조 제1항 3호 따라 "갑"으로부터 정보를 받은 후
30일 이내에 인증된 이용자와 방문 이용자가 라이선스 자료
에 접근하는 데 필요한 충분한 정보를 "갑"에게 제공해야 한다.

4.　정기 검진은 라이선스 자료로의 접근 요구가 비교적 낮은 시
간대에 이루어지도록 하며 이러한 정기 검진 이외에는 24시
간 기준으로 언제나 "갑"과 인증된 이용자에게 라이선스 자료
가 이용되도록 한다. 서버 혹은 "을"의 지역 네트워크 혹은
"을"의 인터넷 서비스 제공자에게 직접 적용 가능한 서비스의
중지 혹은 정지의 경우에는 가능한 한 신속하게 라이선스 자
료로의 접근을 재개하는 데 필요한 모든 합리적인 노력을 다
해야 한다.

②　"을"은 언제든지 라이선스 자료로부터 혹은 라이선스 자료로의 타
이틀 및 전부 또는 일부 관련 아이템을 취소 혹은 추가 하는 권리
를 보유한다. "을"은 "갑"에게 그러한 변경내용에 대해 서면으로
통지해야 한다. 여하한 변경내용이 "갑"에게는 실제적으로 라이선
스 자료가 전보다 유용하지 않은 것으로 판단되는 경우 "갑"은 그
러한 변경을 이 계약의 제12조 제①항 2호에 따라 실질적인 계약
위반으로 간주할 수 있다.

③ "을"은 이용 데이터를 수집하고 편찬해야 한다.

④ 이용 데이터의 발표가 개별 이용자의 익명성을 보호하고 그 탐색자의 기밀성을 보호하고 사생활 보호에 반하지 않는 경우, "을"은 "갑"의 요청에 따라 "갑"과 관련되는 그러한 이용 데이터를 "갑"에게 밝혀야 한다.

⑤ "을"은 "갑"의 허락 없이는 "갑" 혹은 인증된 이용자 혹은 방문 이용자에 대한 통계적인 이용 정보를 다른 측에 발표하거나 판매해서는 안 된다.

⑥ "을"은 "갑"이 라이선스 자료 및 라이선스 소프트웨어를 사용하는 데 있어 필요한 지원과 교육을 제공해야 한다.

제10조 ("갑"의 이행의무)

{주기: 이 조의 제①항은 컨소시엄 계약인 경우에 해당되는 조항으로서 컨소시엄의 이행의무를 명시한 것이다. 제②항은 컨소시엄 회원의 이행의무를 명시한 것이다. 컨소시엄 계약이 아닌 개별 계약인 경우에는 제②항만을 "갑"의 이행의무로서 명시한다.}

① [컨소시엄은 다음 각 호에 해당하는 이행의무를 갖는다.

1. 이 계약의 내용 및 조건을 회원에게 알리기 위한 모든 합리적인 노력을 해야 한다.

2. 컨소시엄이 이 계약 내용과 관련하여 회원의 위반에 대한 정보를 받는 경우 그 즉시 회원과 협의에 들어가 제12조 제⑦항에서 요구되는 바와 같이 30일 이내에 위반을 구제하기 위한 모든 합리적인 노력을 해야 한다. 또한 컨소시엄은 회원과 협의에 들어감과 동시에 "을"에게도 이러한 위반 내용을 통지해 주어야 한다.

3. 이 계약일자로부터 30일 이내에 제9조 제①항 3호에서의 의

무에 따라 라이선스 자료로의 접근을 제공할 수 있도록 하는 충분한 정보를 "을"에게 제공해야 한다. 회원이 그러한 정보에 뚜렷한 변화를 일으킨 경우 컨소시엄은 "을"에게 그러한 변화가 발생하기 늦어도 10일 이전에 통지해 주어야 한다.]

② [회원은] ["갑"은] 다음 각 호에 해당하는 이행의무를 갖는다.

1. 인증된 이용자와 방문 이용자에게 라이선스 자료 내의 지적재산권 존중의 중요성을 알리고 그러한 지적재산권을 존중하지 않음으로 인해 [각 회원이] ["갑"이] 받게 될 제재를 알려주기 위한 합리적인 노력을 다해야 한다.

2. 인증된 이용자 및 방문 이용자에게 적용되어질 수 있는 이 계약의 내용 및 조건에 대해 이들에게 통지해주고 인증되지 않은 이용이나 본 계약에 대한 여타 위반으로부터 라이선스 자료를 보호하기 위한 절차를 취하기 위한 합리적인 노력을 해야 한다.

3. 인증된 이용자 및 방문 이용자에 의해 이 계약 내용 및 조건이 지켜지는 지 감독하는 합리적인 노력을 해야 한다. 인증되지 않은 여하한 이용이나 여타 위반을 알게 되는 즉시 "을"에게 통지하고 그러한 활동이 중단되는 동시에 향후 재발을 방지하기 위한 행동을 포함하여 모든 합리적이며 적절한 방도를 취하도록 해야 하다.

4. 모든 인증된 이용자와 이들의 접근 정보에 대해 완벽한 최신 기록을 유지하여, "을"이 인증된 이용자에게 이 계약에 따라 라이선스 자료로의 접근을 제공하기 위해 필요로 하는 데이터에 대한 추가, 삭제, 혹은 여타 변경의 세부사항을 제공해야 한다.

5. 인증된 이용자와 방문 이용자만이 라이선스 자료로의 접근이 허용됨을 확실히 하기 위한 합리적인 노력을 다해야 한다.

6. "갑"이나 인증된 이용자에 의한 라이선스 자료 이용과 관련하여 혹은 "갑"이 이 계약과 관련한 의무를 이행하지 못함에 따라 "을"에 의한 여하한 법적 행동으로 인해 생겨나는 여하한 손실, 손해, 비용, 책임 및 경비(합리적인 법적 전문적 비용을 포함하여)에 대해 "을"의 면책을 보증한다. "갑"이 그런 위반의 사유가 되거나, 알면서도 지원을 하거나, 실제로 위반이 발생한 것을 알게 된 이후로도 그런 위반을 지속적으로 묵과하거나 하지 않는 한 인증된 이용자에 의한 라이선스 내용상의 위반에 대해 "갑"은 책임을 지지 않는다.

제11조 (쌍방에 의한 이행)

① 어느 일방이나 상대방의 지적재산권, 기밀 정보 및 재산권을 보호하기 위한 최선의 노력을 다해야 한다.

② 갑"과 "을"은 "갑"과 그 인증된 이용자에 의한 라이선스 자료의 이용과 관련하여 여하한 데이터의 기밀성을 유지할 것을 합의한다. 그러한 데이터는 라이선스 자료와 직접 관련된 목적만을 위해서 이용될 수 있으며 종합된 형태로만 제3자에게 제공될 수 있다. 특정 이용자의 신분과 이용 정보를 포함하는 데이터는 여하한 제3자에게도 제공되어서는 안 된다.

제12조 (계약 기간 및 해지)

① 2조 제②항에 따라 자동 갱신이 되는 이외에 이 계약은 다음 각 호에 해당하는 경우 계약 해지가 가능하다.

1. 이 이 계약에서 제시된 대금 지불을 의도적으로 불이행하고 그러한 불이행을 "을"에 의한 서면 통지가 있은 지 [30일] [60일] 이내에 구제하지 못하는 경우

2. "을"이 이 계약 내용을 현실적으로 위반하고 "갑"에 의한 서면 통지가 있은 지 [30일] [60일] 이내에 그 위반을 구제하지 못하는 경우

3.　"갑"이 의도적으로 이 계약의 내용을 현실적으로 위반하고 출판사에 의한 서면 통지가 있은 지 [30일] [60일] 이내에 구제하지 못하는 경우

4.　어느 일방이 지급불능자가 되거나 파산 혹은 이와 유사한 외부 관리에 들어가게 될 경우

② 해지 시점에서 이 조 제③항에 제시된 바와 같이 지속적인 접근이 허용되어질 라이선스 자료와 관련한 의무를 제외하고 쌍방의 모든 권리와 의무는 자동으로 종료된다.

③ 본 계약의 해지 시점에서 "갑"이나 인증된 이용자 및 방문 이용자는 그러한 해지가 "갑"에 의한 계약 위반으로 본 조 제1항 1호 및 3호에서 제시된 바와 같은 구제를 하지 못한 경우에 의한 것을 제외하고는 해지 시점까지, 데이터베이스 컨텐츠를 아카이브 형태로 접근하고 이용할 권리를 보유한다. 이 경우 그러한 지속적인 접근은 그러한 위반이 있기 이전까지 출판된 라이선스 자료에 한해 제공될 것이다.

④ 이 계약의 해지 시점에서 이 조 제①항 1호 및 3호에 명시된 바에 따른 해지인 경우 "갑"은 해지 즉시 라이선스 자료가 인증된 이용자 및 방문 이용자에게 이용되어지도록 하는 것을 중단해야 한다.

⑤ 이 계약의 해지 시점에서 이 조 제①항 2호에 명시된 바에 따른 해지인 경우, "을"은 대금 지불은 되었으나 만료되지 않은 계약 기간에 해당하는 비율의 금액을 "갑"에게 반환해야 한다.

⑥ "갑"이 의도적으로 실제적으로 혹은 지속적으로 이 계약 내용을 위반하고 "을"로부터 통지가 있은 지 30일 이내에 그 위반을 구제하지 못하는 경우, "을"은 "갑"에게 해지 통지를 보냄으로써 이 계약에 따라 "갑"에게 부여한 이용 권리를 해지시킬 수 있다. 해지 통지를 준 시점에서 "을"은 본 계약 기간의 나머지 기간에 대해 라이선스 자료로의 접근을 회원에게 계속하여 제공하지 않을 수도 있다.

⑦ "을"은 라이선스 자료에 대한 "을"의 지적재산권 침해가 되거나 이 계약 내용의 위반이 되어 서버의 수행력이나 보안을 위협하는 라이선스 자료로의 접근에 대해서는 일시적으로 중단할 수 있는 권리를 보유한다. 그러한 접근을 중단한 후 즉시 "을"은 "갑"에게 위반의 원인이 되는 활동을 명시하여 통지를 한다. "을"은 그러한 활동이 중단되었으며 "갑"이 그러한 활동이 재발하지 않도록 합리적인 노력을 행했다는 통지를 받은 즉시 "갑"의 접근을 재개해야 한다.

제13조 (총칙 및 기타사항)

① 이 계약은 쌍방의 전적인 합의로 이루어지며 구두로나 서면으로나 이 계약에서 다루는 내용과 관련하여 사전에 있었던 대화, 이해, 및 합의를 대신한다.

② 이 계약 및 이 계약에 딸린 별표에 대한 변경의 경우, "갑" 및 "을"의 협의에 따라 이 계약의 이행에 영향을 미치는 중요 사항이라고 판단한 경우에는 변경계약서를 별도로 작성하여야 한다. 다만 "갑" 및 "을"의 협의에 따라 경미한 변경이라고 판단한 경우에는 변경의 내용, 이유 등을 명기한 서면에 쌍방이 서명 또는 기명날인하여 변경 계약의 작성에 갈음할 수 있다.

③ 이 계약은 어느 일방에 의해 다른 사람 혹은 기관에 양도될 수 없으며, 다른 일방의 사전 서면 동의 없이는 "을"의 대행사, 서버 관리 및 운영을 위한 대행사와 이 계약의 의무를 도급계약 할 수 없다.

④ [컨소시엄은 회원을 포함하는 회원을 두고 있는 비영리기업 대리인에게 라이선스 자료 내의 전부 혹은 일부 권리를 양도할 수 있다. 컨소시엄이 그러한 권리를 그러한 대리인에게 양도하는 경우, "을"은 양도가 있기 직전까지 회원이 아니었던 양수인에게 이 계약에 따른 여하한 이용허락이나 특권을 부여하지 않아도 된다.]

⑤ [라이선스 자료상의 전부 혹은 일부 권리가 또 다른 출판사에게 양도되는 경우, 출판사는 이 계약의 내용과 조건이 유지됨을 확신

시킬 수 있는 최선의 노력을 다해야 한다.]

⑥ 어느 일방에게 통지를 하는 경우, 이 계약서상에 설정된 수취인 주소로 혹은 상대방에게 통지를 위한 주소로 통고 받은 그러한 여타 주소로 등기우편, 택배 혹은 팩스를 통해 전달되어야 한다. 등기를 통해 보내진 그러한 통지는 등기우편 발송일로부터 [14일] [5 영업일] 내에 전달되어질 것으로 간주된다. 택배 혹은 팩스를 통해 보내진 그러한 통지는 택배 혹은 팩스를 받은 일자에 주어진 것으로 간주된다.

⑦ 전쟁, 파업, 홍수, 정부 규제, 권력, 텔레커뮤니케이션 혹은 인터넷 불통, "서비스 거부" 혹은 유사 사태, 네트워크 설비의 손상 혹은 파괴 등 통제를 벗어나는 환경의 결과로 인해, 어느 일방도 이 계약의 여하한 조항을 수행하는 데 지연이 있거나 수행하지 못하는 경우, 이 계약의 위반 혹은 위반에 대한 원인으로 간주되지 아니한다.

⑧ 이 계약의 여하한 무효성 혹은 비강제성의 조항은 이 계약의 나머지 부분의 존속 혹은 강제성에 영향을 미쳐서는 안 된다.

⑨ 어느 일방도 이 계약의 조항에 따른 다른 일방에 의한 이행을 요구하지 못하거나 포기하는 경우 이후 그러한 이행에 대한 완전한 요구 권리에 영향을 미치거나 조항 자체에 대한 권리 포기로 간주되지 않을 것이다.

⑩ 이 계약의 해석을 놓고 쌍방이 불일치 하는 경우 혹은 일방이 이 계약의 일부에 대해 위반한 경우, 쌍방은 협의를 통해 불일치 해결의 타당성을 논하도록 한다. 그러나 분쟁이 해결되지 않는 경우, 다음의 합의관할, 중재 또는 조정 중에서 선택하도록 한다.
A안 (합의관할)
이 계약에 관해 소송의 필요가 생긴 경우에는   법원을 합의관할법원으로 한다.
B안 (중재)
이 계약에 관련한 분재에 대하여서는 "갑"과 "을"이   에 의한 중재로 해결하기로 한다.
C안 (조정)
이 계약에 관련한 분쟁에 대하여서는 "갑"과 "을"이　　　　　에 의
한 조정으로 해결하기로 한다.

⑪ 이 계약은　　　　　　법의 적용을 받으며 이에 따라 해석된다.

부록 2: 설문지 양식-도서관용

-전자저널 이용을 위한 라이선스 협상 및 계약
현황과 문제점-

안녕하십니까?

저는 현재 중앙대학교대학원 문헌정보학과 박사과정에 있는 학생으로 현재 "전자저널 이용을 위한 라이선스 계약모델에 관한 연구"라는 주제로 학위논문을 준비 중에 있습니다.

저의 연구는 도서관 사서들이 전자저널 이용을 위한 라이선스 협상 및 계약 과정에 있어 지침으로 삼을 수 있는 라이선스 계약모델을 개발하고자 하는 데 그 목적이 있습니다. 이를 위해 현재 도서관에서 행해지고 있는 라이선스 협상 및 계약 현황, 그리고 이러한 라이선스 협상 및 계약 과정에서의 문제점을 파악하고자 하는 것이 본 설문지 조사의 목적입니다.

본 설문지 조사의 결과는 저의 연구에 매우 귀중한 자료가 될 것이며 효율적인 라이선스 계약모델 개발에 유용한 기초자료로 이용될 것입니다.

부디 바쁘시더라도 시간을 내어 응답해 주시기를 당부드립니다.

설문지 조사 결과는 본 연구의 목적을 위해서만 이용될 것임을 약속드립니다.

감사합니다.

2003년 9월 7일
중앙대학교대학원 문헌정보학과
황 옥 경

소속:　　　　　　　　　　대학교 도서관
부서:　　　　　　　　　　부

(일러두기: 본 설문지상의 전자저널이라 함은 웹 **DB** 중에서
원문을 제공하는 전자저널도 포함하는 개념입니다.)

1.　현재 귀 도서관의 보유 장서 수는 얼마입니까?
　　(　　　　　　　　　책)

2.　현재 구독하고 있는 전자저널의 종수는 모두 몇 종입니까?
　　패키지 종수:　　　　　　　　　종
　　패키지 내 전자저널 종수:　　　　　　　종
　　패키지가 아닌 전자저널 종수:　　　　　　종

3.　현재 구독하고 있는 인쇄저널의 종수는 모두 몇 종입니까?
　　국　내 (　　　　　종),　　국　외 (　　　　　　　종)

4.　현재 구독하고 있는 전자저널의 비용은 도서관 전체 장서
　　개발비용의 몇 %에 해당됩니까? (　　　　　　%)

5.　현재 구독하고 있는 전자저널 종수를 기준으로 라이선스
　　계약 유형별로 해당 비율을 적어주시기 바랍니다.
　　개별적으로 직접 계약하는 형태　(　　　　　　%)
　　컨소시엄을 통한 계약 형태　　　(　　　　　　%)
　　대행사를 통한 계약 형태　　　　(　　　　　　%)

6.　현재 구독하고 있는 전자저널의 라이선스 계약상의 대금산
　　정방식에 따라 해당 종수를 적어주시기 바랍니다.
　　인쇄물 구독을 전제조건으로 하고 전자저널을 추가하는 방식
　　　　　　　　　　　　　　　　(　　　　종)
　　단순하게 일정금액을 책정하는 방식　　　(　　　종)
　　전체이용자수를 기준으로 하여 일정금액을 책정하는 방식
　　　　　　　　　　　　　　　　(　　　　종)

동시이용자수를 기준으로 하여 일정금액을 책정하는 방식
(　　　　　종)

실제 이용량에 따라 금액을 책정하는 방식 (　　　　종)
기타 (구체적인 설명:　　　　　　　) (　　　　종)

7. 라이선스 계약을 위한 담당자가 정해져 있습니까? (　　　)
① 예　　　　　　　　　② 아니오

8. 라이선스 내용을 읽고 협상하는 데 관여하는 사람은 모두 몇 명입니까? (　　　)
① 1명　　　② 2명　　　③ 3명　　　④ 4명 이상

9. 자체적인 라이선스 계약모델을 개발하여 보유하고 있습니까? (　　　)
① 예　　　　　　　　　② 아니오

10. 10. 라이선스 계약과 관련한 지침 혹은 매뉴얼이 작성되어 있습니까? (　　　)
① 예　　　　　　　　　② 아니오

11. 11. 라이선스 계약 체결에 앞서 법률가의 자문을 구하는 절차가 있습니까? (　　　)
① 예　　　　　　　　　② 아니오

12. 라이선스 협상 및 계약에 대비한 직원 교육이 이루어지고 있습니까? (　　　)
① 예　　　　　　　　　② 아니오

13. (12번의 답에 "① 예"를 택하신 분만 답하여 주시기 바랍니다) 라이선스 협상 및 계약에 대비한 직원 교육의 내용은 무엇입니까? (　　　)
① 전자저널 및 웹 DB 이용법　② 협상 기술
③ 저작권법　　④ 계약법　　⑤ 라이선스 사례

14. 라이선스 협상 및 계약에 대비하여 어떤 내용의 직원 교육
   이 필요하다고 생각하십니까? (우선 순위대로 3가지를 적어
   주시기 바랍니다.) (,   ,   )
   ① 전자저널 및 웹 **DB** 이용법   ② 협상 기술
   ③ 저작권법   ④ 계약법   ⑤ 라이선스 사례
   ⑥ 특별한 교육이 필요하다고 생각하지 않는다.
   ⑦ 기타 (   )

15. 라이선스 자료의 적법한 이용에 관한 이용자 교육이 이루
   어지고 있습니까? (   )
   ① 예   ② 아니오

16. 라이선스 자료의 적법한 이용과 관련하여 어떤 내용의 이
   용자 교육이 필요하다고 생각하십니까? (우선 순위대로 3가
   지를 적어주시기 바랍니다.) (,   ,   )
   ① 저작권법에 대한 기본적인 지식
   ② 저작권법 준수의 중요성
   ③ 허락된 이용 및 허락되지 않은 이용에 대한 교육
   ④ 이용자 접근 정보(아이디 및 패스워드) 누설 금지
   ⑤ 특별한 교육이 필요하다고 생각하지 않는다.
   ⑥ 기타 (   )

17. 라이선스 청약에서 승낙까지 소요되는 협상 기간은 평균
   어느 정도입니까? (   )
   ① 2주일 미만
   ② 2주일 이상 1개월 미만
   ③ 1개월 이상 2개월 미만
   ④ 2개월 이상

18. 계약 상대인 출판사 혹은 에이전트와 계약 위반의 분쟁을
   경험한 적이 있습니까? (   )
   ① 예   ② 아니오

19. (본 문항은 상기 18번 문제에서 '① 예'를 선택하신 분만 응답

해주시기 바랍니다) 분쟁의 원인은 무엇이었습니까? (   )
① 대금지불지체   ② 서비스 불통 혹은 중단 사태
③ 계약 내용에 위반되는 이용자 이용
④ 기타 (   )

20. (본 문항은 상기 18번 문제에서 '① 예'를 선택하신 분만
　　응답해주시기 바랍니다) 분쟁 해결은 어떻게 이루어졌습니
　　까? (   )
　　① 　계약당사자 간의 쌍방 합의에 의해
　　② 　중재자의 중재에 의해
　　③ 　소송에 의해
　　④ 　아직 해결을 보지 못하고 있다.
　　⑤ 　기타 (   )

21. 라이선스 계약 과정에서의 문제점으로 생각되는 항목을 우
　　선 순위대로 3가지 적어주시기 바랍니다.
　　(,   ,   )
　　① 　관련 법률 지식의 부족
　　② 　라이선스 협상 기술의 부족
　　③ 　업무 과다로 인한 협상 시간 부족
　　④ 　라이선스 계약을 위한 지침 혹은 매뉴얼의 부재
　　⑤ 　라이선스 계약 사례에 대한 정보 부족
　　⑥ 　문제점을 느끼지 못한다.
　　⑦ 　기타 (구체적인 내용:)

　　<다음의 질문은 라이선스 내용 및 조건과 관련한 것입니다.)

22. 이용자의 범위는 어디까지로 제한하는 것이 바람직하다고
　　생각하십니까? (   )
　　① 　등록된 학생, 직원, 교수진의 교내 이용
　　② 　등록된 학생, 직원, 교수진의 교내 이용 및 원격 이용.
　　③ 　②에 더하여 방문 이용자(등록된 학생이나 직원, 교수
　　　　는 아니지만 현재 도서관을 방문 중인 이용자)까지 포함.

23. 다음 중 이용의 범위에 속해야 한다고 생각하시는 항목을 모두 선택해 주시기 바랍니다. (복수응답 가능)
    (   )
    ① 인증된 이용자에 의한 라이선스 자료의 교내 탐색, 보기, 다운로드 및 출력
    ② 인증된 이용자에 의한 라이선스 자료의 교외 탐색, 보기, 다운로드 및 출력
    ③ 도서관 상호 이용 차원에서 타 도서관으로 출력물 배포
    ④ 도서관 상호 이용 차원에서 타 도서관으로 디지털 파일 전송
    ⑤ 점자에 의한 복제
    ⑥ 강의용 편집 교재 제작
    ⑦ 출력물 상태로 백업 복제
    ⑧ 디지털 아카이브/보존

24. 전자저널과 관련한 도서관 상호 이용 방식으로 가장 적합하다고 생각하시는 것을 선택해 주시기 바랍니다. (   )
    ① 인쇄 형태로 출력 후 인쇄물을 타 도서관에 배포
    ② 디지털 파일 형태로 타 도서관에 보안 전송 후 전송 받은 도서관에서는 출력 완료와 더불어 파일 삭제
    ③ 도서관 상호 이용 불가

25. 전자저널 아카이브 및 보존의 방식으로 가장 적합하다고 생각하시는 것을 선택해 주시기 바랍니다. (   )
    ① 도서관이 자체 보존을 위해 라이선스 자료를 한 부 출력하여 아카이브
    ② 출판사가 아카이브 책임을 지거나 출판사가 주선하는 제3자가 아카이브 책임을 지도록 하고 라이선스 자료에 대해서는 도서관에 로열티 없는 영구 라이선스를 제공
    ③ 도서관이 라이선스 자료에 대해서는 출판사로부터 디지털 아카이브용 복제물을 전송 받아 디지털 아카이브 유지
    ④ 국가적인 차원에서 "중앙아카이브" 시설을 통해 쌍방에 의해 합의된 전자적인 아카이브 유지

26. 이용자의 이용 현황에 대한 통계로 제공되어야 한다고 생
    각되는 항목을 모두 선택해 주시기 바랍니다. (복수 응답
    가능) (　　　　　　　　　　　　　　)
    ①　이용자가 이용하는 브라우저 종류
    ②　이용하는 OS(윈도우인지 매킨토시인지)
    ③　이용자의 인터넷 서비스 제공자의 도메인이름
    ④　주로 이용하는 정보의 유형
    ⑤　저널별, IP주소별 접속 시간
    ⑥　저널별 논문기사 다운로드 횟수
    ⑦　기타 (　　　　　　　　　　　　　　　　)

27. 다음 중 라이선스 내용에 명시되어야 한다고 생각되는 항
    목을 모두 선택해 주시기 바랍니다. (복수 응답 가능)
    (　　　　　　　　　　　　)
    ①　비인증 이용자의 법적 위반에 대한 라이선시의 면책
    ②　인쇄 형태 저널 발행과 거의 동시에, 혹은 그 이전에
       전자저널 이용가능
    ③　계약 해지가 가능한 경우에 대한 명시
    ④　이용자의 이용 현황 데이터의 제공
    ⑤　인증되지 않은 디지털 복제의 금지
    ⑥　상업적 이용의 금지
    ⑦　라이선스 자료의 수정, 조작, 혹은 이로부터 파생된 저
       작물 제작의 금지
    ⑧　라이선스 자료로부터 저작권이나 지적재산권 관련의
       문구 제거 금지
    ⑨　사생활 보호
    ⑩　그 외 (　　　　　　　　　　　　　　　　　)

28. 그 외 라이선스 계약과 관련하여 다른 고견이 있으시면 적
    어 주시기 바랍니다.

협조해 주셔서 감사합니다.

부록3: 질문지 양식-대행사용

-전자저널 이용을 위한 라이선스 협상 및 계약 현황과 문제점-

안녕하십니까?

저는 현재 중앙대학교대학원 문헌정보학과 박사과정에 있는 학생으로 현재 "전자저널 이용을 위한 라이선스 모델에 관한 연구"라는 주제로 학위논문을 준비 중에 있습니다.

저의 연구는 도서관 사서들이 전자저널 이용을 위한 라이선스 협상 및 계약 과정에 있어 지침으로 삼을 수 있는 라이선스 모델을 개발하고자 하는 데 그 목적이 있습니다.

이를 위해 현재 도서관에서 행해지고 있는 라이선스 협상 및 계약 현황, 그리고 이러한 라이선스 협상 및 계약 과정에서의 문제점을 파악하고자 하는 것이 본 질문지 조사의 목적입니다.

본 질문지 조사의 결과는 저의 연구에 매우 귀중한 자료가 될 것이며 효율적인 라이선스 모델 개발에 유용한 기초자료로 이용될 것입니다.

부디 바쁘시더라도 시간을 내어 응답해 주시기를 당부드립니다.

질문지 조사 결과는 본 연구의 목적을 위해서만 이용될 것임을 약속드립니다.

감사합니다.

2003년 9월 7일
중앙대학교대학원 문헌정보학과
황 옥 경

소속:
부서:　　　　　　　　　　　　　부

1. 현재 제공하고 있는 전자저널 종수를 기준으로 라이선스
   계약 유형별로 해당 비율을 적어주시기 바랍니다.
   ① 컨소시엄라이선스　　（　　　　%）
   ② 비컨소시엄라이선스　（　　　　%）

2. 라이선스 계약을 위한 담당자가 정해져 있습니까? (　　　)
   ① 예　　　　　　　　　　② 아니오

3. 한 건의 라이선스 계약을 위해 협상에 관여하는 사람은
   모두 몇 명입니까? (　　　)
   ① 1명　　　　② 2명　　　　③ 3명　　　　④ 4명 이상

4. 라이선스 계약과 관련한 지침 혹은 매뉴얼이 작성되어 있
   습니까? (　　　)
   ① 예　　　　　　　　　　② 아니오

5. 라이선스 계약 체결에 앞서 법률가의 자문을 구하는 절차
   가 있습니까? (　　　)
   ① 예　　　　　　　　　　② 아니오

6. 라이선스 협상 및 계약에 대비한 직원 교육이 이루어지고
   있습니까? (　　　)
   ① 예　　　　　　　　　　② 아니오

7. (12번의 답에 "① 예"를 택하신 분만 답하여 주시기 바랍니
   다) 라이선스 협상 및 계약에 대비한 직원 교육의 내용은
   무엇입니까? (　　　　)
   ① 전자저널 및 웹 DB 이용법　　② 협상 기술
   ③ 저작권법　　　　　　　　　　④ 계약법
   ⑤ 라이선스 사례

8. 라이선스 협상 및 계약에 대비하여 어떤 내용의 직원 교육이 필요하다고 생각하십니까? (우선 순위대로 3가지를 적어주시기 바랍니다.) (　　,　　,　　)
   ① 전자저널 및 웹 **DB** 이용법　　② 협상 기술
   ③ 저작권법　　　　　　　　　　④ 계약법
   ⑤ 라이선스 사례
   ⑥ 특별한 교육이 필요하다고 생각하지 않는다.
   ⑦ 기타 (　　　　　　　　　　　　　　　　)

9. 라이선스 계약을 위한 청약에서 승낙까지 소요되는 평균적인 기간은 어느 정도입니까? (　　　)
   ① 2주일 미만　　　　　　　　② 2주일 이상 1개월 미만
   ③ 1개월 이상 2개월　　　　　④ 2개월 이상

10. 계약 상대인 도서관과의 분쟁을 경험한 적이 있습니까? (　　)
    ① 예　　　　　　　　　　② 아니오

11. (본 문항은 상기 18번 문제에서 '① 예'를 선택하신 분만 응답해주시기 바랍니다) 분쟁의 원인은 무엇이었습니까? (　　　)
    ①　대금지불지체
    ②　서비스 불통 혹은 중단 사태
    ③　계약 내용에 위반되는 이용자 이용
    ④　기타 (　　　　　　　　　　　　　　　)

12. (본 문항은 상기 18번 문제에서 '① 예'를 선택하신 분만 응답해주시기 바랍니다) 분쟁 해결은 어떻게 이루어졌습니까?
    ①　계약당사자 간의 쌍방 합의에 의해
    ②　중재자의 중재에 의해
    ③　소송에 의해
    ④　④ 아직 해결을 보지 못하고 있다.
    ⑤　기타 (　　　　　　　　　　　　　　　)

13. 일차적인 인터넷 연결이 불가한 경우에 대비한 백업 연결을
가지고 있습니까? (   )
① 예   ② 아니오

14. 이용 데이터와 관련한 사생활 보호 정책이 수립되어 있습니까?
(   )
① 예   ② 아니오

15. 도서관에 제공되는 이용 데이터에 포함되는 항목을 모두 선택해
주시기 바랍니다. (   )
①   이용자가 이용하는 브라우저 종류
②   이용하는 OS(윈도우인지 매킨토시인지)
③   이용자의 인터넷 서비스 제공자의 도메인이름
④   주로 이용하는 정보의 유형
⑤   저널별, IP주소별 접속 시간
⑥   저널별 논문기사 다운로드 횟수
⑦   기타 (   )

16. 인증 방식은 무엇입니까? (   )
① IP 방식   ② ID 방식   ③ IP/ID 방식 중 도서관이 선택

17. 매뉴얼 및 교육이 제공되고 있습니까? (   )
① 매뉴얼 제공   ② 교육 제공
③ 매뉴얼 및 교육 제공   ④ 제공되고 있지 않다.

18. 이용 데이터 제공 주기는 얼마입니까? (   )
① 요청이 있을 시에만   ② 매일
③ 매주   ④ 매달
⑤ 그 외 (   )

19. 이용 데이터 전달 방식은 무엇입니까? (   )
① 인쇄 형태   ② 전자우편
③ 웹   ④ 그 외(   )

20. 사이트 내에 시스템 상태에 대한 공지사항을 위한 웹페이지가 제
    공되고 있습니까? (   )
    ① 예   ② 아니오

21. 기술적인 문제와 관련한 공지사항이나 토론을 위한 메일링리스트
    가 있습니까? (   )
    ① 예   ② 아니오

22. 라이선스 계약 과정에서의 문제점으로 생각되는 항목을 우선 순
    위대로 3가지 적어주시기 바랍니다.
    (,   ,   )
    ① 관련 법률 지식의 부족
    ② 라이선스 협상 기술의 부족
    ③ 업무 과다로 인한 협상 시간 부족
    ④ 라이선스 계약을 위한 지침 혹은 매뉴얼의 부재
    ⑤ 라이선스 계약 사례에 대한 정보 부족
    ⑥ 문제점을 느끼지 못한다.
    ⑦ 기타 (구체적인 내용:)

    <다음의 질문은 라이선스 내용 및 조건과 관련한 것입니다.)

23. 이용자의 범위는 어디까지로 제한하는 것이 바람직하다고 생각하
    십니까? (   )
    ① 등록된 학생, 직원, 교수진의 관내 이용
    ② 등록된 학생, 직원, 교수진의 관내 이용 및 원격 이용
    ③ ②에 더하여 방문 이용자(방문 이용자)까지 포함

24. 다음 중 이용의 범위에 속하는 것이 바람직하다고 생각되는 항목
    을 모두 선택해 주시기 바랍니다. (복수응답 가능)
    (   )
    ① 인증된 이용자에 의한 라이선스 자료의 관내 탐색,
      보기, 다운로드 및 출력
    ② 인증된 이용자에 의한 라이선스 자료의 원격 탐색, 보

기, 다운로드 및 출력
③ 도서관 상호 이용 차원에서 타 도서관으로 출력물 배포
④ 도서관 상호 이용 차원에서 타 도서관으로 디지털 파일 전송
⑤ 점자에 의한 복제
⑥ 강의용 편집 교재 제작
⑦ 출력 상태로 백업 복제
⑧ 마그네틱 테이프 혹은 **CD-ROM** 백파일 보존
⑨ 디지털 아카이브

25. 전자저널과 관련한 도서관 상호 이용 방식으로 가장 적합하다고 생각하시는 것을 선택해 주시기 바랍니다. (   )
① 인쇄 형태로 출력 후 인쇄물을 타 도서관에 배포
② 디지털 파일 형태로 타 도서관에 보안 전송 후 전송 받은 도서관에서는 출력 완료와 더불어 파일 삭제
③ 도서관 상호 이용 불가

26. 전자저널 아카이브 및 보존의 방식으로 가장 적합하다고 생각하시는 것을 선택해 주시기 바랍니다. (   )
① 도서관이 자체 보존을 위해 라이선스 자료를 한 부 출력하여 아카이브
② 출판사가 아카이브 책임을 지거나 출판사가 주선하는 제3자가 아카이브 책임을 지도록 하고 라이선스 자료에 대해서는 도서관에 로열티 없는 영구 라이선스를 제공
③ 도서관이 라이선스 자료에 대해서는 출판사로부터 디지털 아카이브용 복제물을 전송 받아 디지털 아카이브 유지
④ 국가적인 차원에서 "중앙아카이브" 시설을 통해 쌍방에 의해 합의된 전자적인 아카이브 유지

27. 다음 중 라이선스 내용에 명시되어야 한다고 생각되는 항목을 모두 선택해 주시기 바랍니다. (   )
① 비인증 이용자의 법적 위반에 대한 라이선시의 면책

② 인쇄 형태 저널 발행과 거의 동시에, 혹은 더 이전에 전자저널 이용 가능
③ 계약 해지가 가능한 경우에 대한 명시
④ 이용 데이터의 제공
⑤ 인증되지 않은 디지털 복제의 금지
⑥ 상업적 이용의 금지
⑦ 라이선스 자료의 수정, 조작, 혹은 이로부터 파생된 저작물 제작의 금지
⑧ 라이선스 자료로부터 저작권이나 지적재산권 관련의 문구 제거 금지

28. 그 외 라이선스 계약과 관련한 고견이 있으시면 적어주시기 바랍니다.

협조해 주셔서 정말 감사합니다!

♣ 저 자

- 황옥경(黃玉璟)

- 프로필
서울대학교 가정대학 의류학과 졸업
중앙대학교대학원 문헌정보학 석사
중앙대학교대학원 문헌정보학 박사
현재 중앙대학교와 서울여자대학교 출강 중

- 연구논문
「학술 커뮤니케이션의 새로운 동향: 자유이용을 중심으로」
「전자저널 라이선스 계약모델에 관한 연구」
「전자저널의 효율적인 라이선스 계약에 관한 연구」
「전자저널의 도서관상호이용 문제점과 대응방안 연구」
「디지털 자원에 대한 저작권과 계약간의 충돌관계 및 이에 대한 대응방안 연구」

디지털 시대의 도서관 라이선스

· 초판 인쇄　2005 년 9 월 30 일
· 초판 발행　2005 년 9 월 30 일
· 지 은 이　황옥경
· 펴 낸 이　채종준
· 펴 낸 곳　한국학술정보㈜
　　　　　경기도 파주시 교하읍 문발리
　　　　　파주출판문화정보산업단지 526-2
　　　　　전화　031)908-3181(대표) · 팩스　031)908-3189
　　　　　홈페이지　http://www.kstudy.com
　　　　　e-mail(e-Book 사업부)　ebook@kstudy.com
· 등　　록　제일산-115 호(2000. 6. 19)
· 가　　격　15,000 원

ISBN　　89-534-3357-6 93020　(paper book)
　　　　89-534-3358-4 98020　(e-book)